Anti-Dühring

《反杜林论》导读（图文版）

王乐 著

人民东方出版传媒
People's Oriental Publishing & Media
东方出版社
The Oriental Press

图书在版编目（CIP）数据

《反杜林论》导读：图文版 / 王乐著 . —北京：东方出版社，2024.1
（马克思主义经典著作导读（图文版））
ISBN 978-7-5207-3156-0

Ⅰ.①反… Ⅱ.①王… Ⅲ.①《反杜林论》—恩格斯著作研究 Ⅳ.① A811.24

中国国家版本馆 CIP 数据核字（2023）第 053758 号

《反杜林论》导读：图文版
(《FAN DULIN LUN》DAODU：TUWENBAN)

作　　者：中央党校创新工程"21世纪马克思主义的重大问题研究"
　　　　　项目组组织编写 / 李海青总主编 / 王乐著
责任编辑：杨润杰
责任校对：曾庆全
出　　版：东方出版社
发　　行：人民东方出版传媒有限公司
地　　址：北京市东城区朝阳门内大街 166 号
邮　　编：100010
印　　刷：北京市联华印刷厂
版　　次：2024 年 1 月第 1 版
印　　次：2024 年 1 月北京第 1 次印刷
开　　本：710 毫米 ×1000 毫米　1/16
印　　张：14.5
字　　数：195 千字
书　　号：ISBN 978-7-5207-3156-0
定　　价：59.80 元
发行电话：（010）85924663　85924644　85924641

版权所有，违者必究
如有印装质量问题，我社负责调换，请拨打电话：（010）85924725

序

马克思主义是整个人类思想的精华，是中国共产党的指导思想。学习马克思主义，就要认认真真地阅读马克思主义经典著作。正如恩格斯在谈到学习《资本论》时强调指出的："对于那些希望真正理解它的人来说，最重要的却正好是原著本身。"中国共产党历来重视马克思主义经典著作的学习，党的历代领导人对此都有明确要求。2011年5月13日，习近平同志在中央党校春季学期第二批入学学员开学典礼上的重要讲话中指出：马克思主义经典著作蕴含和集中体现着马克思主义基本原理，是马克思主义理论的本源和基础。马克思主义经典著作包含着经典作家所汲取的人类探索真理的丰富思想成果，体现着经典作家攀登科学理论高峰的不懈追求和艰辛历程。阅读经典著作，本身就是增长知识、开阔眼界、增加思想深度和训练思维方式的过程，就是培养高瞻远瞩的战略洞察力和脚踏实地的工作作风的过程，会使我们在潜移默化中受到他们崇高风范和人格力量的熏陶，从而实现自己思想境界和道德情操的升华。他还为学员们推荐了马克思、恩格斯、列宁和毛泽东的著作。2018年5月4日，习近平总书记在纪念马克思诞辰200周年大会上的讲话中强调指出：共产党人要把读马克思主义经典、悟马克思主义原理当作一种生活习惯、当作一种精神追求，用经典涵养正气、淬炼思想、升华境界、指导实践。

中央党校（国家行政学院）是我们党学习、研究、宣传马克思主义的重要阵地，具有马克思主义经典著作学习研究的光荣传统和深厚积淀。为了帮助广大党员干部和其他各领域的学习者、研究者更好学习、理解、掌握马克思主义经典著作中蕴含的基本观点、基本原理与基本方法，中央党校（国家行政学院）创新工程"21世纪马克思主义的重大问题研究"项目组精选了马克思、恩格斯、毛泽东的最具代表性的一些经典著作，编写了这套马克思主义经典著作导读丛书。

丛书共八册，包括：李海青著《〈共产党宣言〉导读（图文版）》、王虎学著《〈1844年经济学哲学手稿〉导读（图文版）》、袁辉著《〈资本论〉导读（图文版）》、唐爱军著《〈黑格尔法哲学批判〉导读（图文版）》、孙海洋著《〈路德维希·费尔巴哈和德国古典哲学的终结〉导读（图文版）》、王乐著《〈反杜林论〉导读（图文版）》、崔丽华著《〈实践论〉〈矛盾论〉导读（图文版）》、韩晓青著《〈新民主主义论〉导读（图文版）》。

丛书的突出特色主要有：第一，权威性强。丛书的作者均为中央党校（国家行政学院）一直从事马克思主义理论教学与研究的工作者，具有较高的专业素养与理论水平，创作时坚持原原本本地研读马克思主义经典著作，坚持用科学的态度和发展的观点对待马克思主义，力求充分展示马克思主义经典著作的基本原理、科学内涵。第二，理论联系实际。丛书在解读马克思主义经典著作时，坚持用马克思主义观察时代、解读时代、引领时代，坚持理论联系实际，坚持用马克思主义经典著作的基本原理分析和解释重大现实问题，引导党员干部和大众读者带着问题学、联系实际学，进而提高运用马克思主义分析和解决实际问题的能力，用鲜活丰富的当代中国实践推动马克思主义中国化时代化。第三，通俗鲜活生动。真正的马克思主义是鲜活的，马克思主义经典著作导读应该是鲜活的。丛书力求用通俗的语言，图文并茂地呈现马克思主义经典著作的鲜活生命力。此外，还配有大量的知识链接，也为丛书增色不少。

总之，这套丛书思想性、通俗性兼备。相信丛书的出版，能对广大读者走进马克思主义经典作家的思想世界，把握马克思主义的思想精华有所助益。

感谢东方出版社对这套丛书出版给予的大力支持，感谢编辑为之付出的艰辛努力。

总主编　李海青

目录

导论 马克思主义真正的"百科全书" _ 001

009
第一章 《反杜林论》问世的三大现实需要

一、思想论战的需要 _ 011

二、捍卫马克思主义原则的需要 _ 017

三、指导国际无产阶级革命的需要 _ 020

025
第二章 《反杜林论》的三版序言和引论

一、第一版序言：《反杜林论》的写作原因和
　　写作方式 _ 031

二、第二版序言：《反杜林论》的再版原因和
　　增补情况 _ 036

三、第三版序言：《反杜林论》的思想影响和
　　新增补情况 _ 047

四、《引论》第一部分《概论》：科学社会主义的
　　创立过程 _ 049

五、《引论》第二部分《杜林先生许下了什么诺言》：
　　批判了杜林及其理论体系 _ 067

071
第三章 《反杜林论》第一编《哲学》的内容与结构

一、从唯心主义先验论到唯物主义反映论 _ 074
二、从世界统一于存在到世界统一于物质 _ 084
三、从形而上学的认识论、自然观和运动观到辩证唯物主义的
　　认识论、自然观和运动观 _ 091
四、从永恒道德到道德共识 _ 109
五、唯物辩证法的三个基本规律 _ 119
六、从江湖骗子到"百科全书" _ 126

129
第四章 《反杜林论》第二编《政治经济学》的内容与结构

一、马克思主义政治经济学的研究对象和方法 _ 132
二、经济与政治暴力的关系 _ 138
三、马克思主义政治经济学的基本理论 _ 143
四、对《国民经济学批判史》的批判 _ 159

167
第五章 《反杜林论》第三编《社会主义》的内容与结构

一、从必然王国到自由王国 _ 172
二、科学社会主义的基本原理 _ 191

199
第六章 《反杜林论》与加强新时代的党性修养

一、党性要以科学性为支撑，加强党性修养首先要加强科学性 _ 204

二、加强党性具有过程性，加强党性的过程往往也是同非党性
斗争的过程 _ 209

三、加强党性修养是个系统工程 _ 214

导论

马克思主义真正的"百科全书"

当今世界，充满着不确定性。世界各国人民在共同面对复杂的世界经济局面、重大的传染性疾病、持续的气候变化和环境污染等问题的同时，冷战思维、强权政治、地区冲突、恐怖主义等地区性问题时有发生。事实上，人类对于机遇与挑战并存、憧憬与困惑同在、希望与困难都有的世界并不陌生。可以说，在历史的长河中，人来人往、花开花谢，唯有问题，一直都在。从这个意义上来看，是问题在推动人类社会不断向前发展。因为提问，人类有了发展的可能；因为解题，人类有了发展的成就。人类永远在发现问题和解决问题之间徘徊，唯有这点，亘古不变。

问题是时代的呼声，坚持问题导向就是直面时代发展的方向。习近平总书记强调："我们中国共产党人干革命、搞建设、抓改革，从来都是为了解决中国的现实问题。"[1] 这既是马克思主义的鲜明特征，也是新时代中国特色社会主义思想的重要特点。习近平总书记指出："无论什么时候，问题总是客观存在的，怕就怕对问题熟视无睹、视而不见，结果小问题变成大问题，小管涌

---

[1] 习近平：《关于〈中共中央关于全面深化改革若干重大问题的决定〉的说明》，《人民日报》2013年11月16日。

演变为大塌方。只有努力在革故鼎新、守正出新中实现自身跨越，才能不断给党和人民事业注入生机活力。"[1] 中国共产党就是在直面现实问题、解决实践难题中成长、发展和壮大起来的。

中国共产党在其 100 多年的历史征程中，坚持马克思主义的世界观和方法论，运用辩证唯物主义和历史唯物主义的基本原理，准确把握中国的社会问题，解决时代的发展难题，不断推进社会主义革命和建设走向一次又一次伟大的胜利，向国家和人民交上一份又一份满意的答卷。而中国共产党之所以能够立题、破题和解题，是因为我们的党具有强大的理论创新能力、实践创新能力和自我更新能力。正如习近平总书记在 2018 年春节团拜会上所指出的："我们要不忘初心、牢记使命，继续以逢山开路、遇水架桥的开拓精神，开新局于伟大的社会革命，强体魄于伟大的自我革命。"

新的时代必然出现新的难题，中国共产党是否能够继往开来地谋大局、应变局和开新局，其中一个关键就在于我们是否能够持续提升马克思主义看家本领，不断提高运用马克思主义理论分析问题和解决问题的能力。《反杜林论》无疑就是马克思主义理论直面现实问题、解决现实问题，在同现实问题的斗争中，不断发展壮大自我的典型产物。毛泽东曾强调："马克思主义必须在斗争中才能发展，不但过去是这样，现在是这样，将来也必然还是这样。正确的东西总是在同错误的东西作斗争的过程中发展起来的。真的、善的、美的东西总是在同假的、恶的、丑的东西相比较而存在，相斗

---

[1] 中共中央党史和文献研究院、中央"不忘初心、牢记使命"主题教育领导小组办公室编：《习近平关于"不忘初心、牢记使命"论述摘编》，党建读物出版社、中央文献出版社 2019 年版，第 164 页。

争而发展的。当着某一种错误的东西被人类普遍地抛弃,某一种真理被人类普遍地接受的时候,更加新的真理又在同新的错误意见作斗争。这种斗争永远不会完结。这是真理发展的规律,当然也是马克思主义发展的规律。"[1]

自1877年初《反杜林论》开始陆陆续续发表在《前进报》,到1878年7月汇编出版,恩格斯在同杜林的持续论战中,逐渐形成了系统地阐述马克思主义思想的一部伟大的马克思主义真正的"百科全书"。正如恩格斯在书中所言:"德国社会党正在很快成为一股力量。但是,要使它成为一股力量,首先必须使这个刚刚赢得的统一不受危害。可是,杜林博士却公然准备在他周围建立一个宗派,作为未来的独立政党的核心。因此,不管我们是否愿意,我们必须应战,把斗争进行到底。"[2]

德意志统一之前,在德国,工人阶级的政党主要就是德国社会民主工党和全德工人联合会。前者的领导者是倍倍尔、李卜克内西;后者的领导者是拉萨尔。前者接受马克思主义的指导;后者则是反马克思主义的。德意志统一后,工人阶级和工人运动的发展,迫切需要建立一个统一的工人阶级政党。于是,1875年,在哥达召开了两党联合大会,通过了《哥达纲领》,标志着两党的统一。但是,马克思和恩格斯坚决反对这个机会主义的纲领,后来,马克思在《哥达纲领批判》中对其进行了具体的批判。

统一后的党内,流行着反马克思主义的、机会主义的思想,使党的思想水平大大下降。其中,反马克思主义的主要代表就是杜

---

[1]《毛泽东文集》第七卷,人民出版社1999年版,第230—231页。
[2]《马克思恩格斯选集》第3卷,人民出版社1995年版,第695页。

知识链接

《前进报》

《前进报》是德国社会民主党的中央机关报。1875年5月召开的德国社会民主工党和全德工人联合会哥达合并大会决定，两党合并为德国社会主义工人党，后改称德国社会民主党。上述两党的机关报《人民国家报》和《新社会民主党人报》合并为党中央的机关报《前进报》。《前进报》的主编是李卜克内西和哈森克莱维尔。该报曾刊登过不少马克思和恩格斯的重要文章，最为重要的是曾发表了恩格斯的《反杜林论》，对宣传科学社会主义理论产生了积极的作用。1895年恩格斯逝世以后，《前进报》逐渐转入党的右翼手中，转而刊登德国社会民主党党内和第二国际内占统治地位的机会主义者的相关文章。它支持过俄国的经济派和孟什维克。第一次世界大战期间持沙文社会主义立场。曾于1933年停刊，1946年在柏林由德国统一社会党组织复刊。

杜林

杜林（1833—1921），德国作家、哲学家、庸俗经济学家，

> 被认为是小资产阶级社会主义的代表，柏林大学讲师，马克思主义的疯狂攻击者。早在1867年，杜林就对马克思主义发起了攻击。1875年，杜林自诩为社会主义的"改革家"，企图以形而上学的唯心主义攻击马克思主义的辩证唯物主义和历史唯物主义；以庸俗经济学攻击马克思主义的阶级对立论；以改良主义攻击马克思主义的无产阶级革命理论；以伦理社会主义攻击马克思主义的科学社会主义。杜林的攻击直接影响了当时的德国社会工人党，使其滋生了党内机会主义，甚至骗取了党的左派领袖的信任和支持，在思想上和组织上给这个政党造成严重危害。

林。因此，揭穿杜林思想的本质、对杜林的攻击进行反击、提高统一起来的党的思想水平，就成为摆在马克思和恩格斯面前的一项迫切任务。

恩格斯的《反杜林论》完成的就是这项任务。一方面，《反杜林论》是一部论战性质的著作；另一方面，《反杜林论》第一次系统地、详细地论述了马克思主义的三个组成部分——哲学、政治经济学和科学社会主义的基本原理。任何学说都有自己的基本内容和框架结构，否则就不能称为一个理论体系。尽管马克思主义理论体系不是以一部教科书式结构而存在的，但是毋庸置疑的是，马克思主义理论学说的各部分之间有着内在的联系，是一个彻底而完整的科学理论体系。《反杜林论》就是一部从整体上论述马克思主义理论体系的著作。尽管恩格斯的这部著作主要是以批判杜林为起点和目标，但是，不难看出，无论是在内容安排上，还是在结构设置上，都有着自己的合理安排。这体现的是恩格斯对马克思主义理论体系的整体认识。

其实，在马克思和恩格斯不同时期的著作中，都从不同的方面论证，并不断发展着马克思主义思想。在《神圣家族》《德意志意识形态》《哲学的贫困》《共产党宣言》等著作中，马克思已经对自己的思想作了较为系统的论述。为了进一步传播马克思主义，当时迫切需要将马克思主义的三个组成部分统一起来，使其成为不可分割的整体。这项工作，是由《反杜林论》完成的。《反杜林论》由五大部分组成。马克思主义的三个组成部分相应地成为《反杜林论》基本框架中的三编：第一编哲学；第二编政治经济学；第三编社会主义。另外，就是恩格斯为《反杜林论》写的三版序言，是恩格斯为该书的三次出版所写的序言，主要论述写作和再版的社会历史背景。除此之外，还有一篇引论，主要叙述三部分内容：科学社会主义产生的理论和历史条件；马克思主义三个组成部分的三个来源；科学的哲学、政治经济学和社会主义的产生。

在哲学编中，恩格斯在彻底批判杜林哲学观点的同时，全面论述了辩证唯物主义的基本原理和辩证唯物主义的三大规律。在政治经济学编中，恩格斯具体地论述了政治经济学的研究对象和研究方法，从辩证唯物主义和历史唯物主义出发，分析各个社会生产方式及其更替，研究了生产和分配的相互关系，并且给政治经济学下了一个经典的定义，指出政治经济学是研究各个社会的生产方式及其更替的过程，进而揭示社会发展客观规律的学科。使杜林唯心主义的、形而上学的政治经济学不攻自破。在社会主义编中，恩格斯通过全面分析考察科学社会主义的主要理论，进而从唯物史观出发，论述了科学社会主义的基本理论，批判杜林的"共同社会"社会主义观点。由此可见，《反杜林论》是一部马克思主义真正的"百科全书"。

将《反杜林论》视为马克思主义真正的"百科全书"，不仅在于它彻底批判了杜林的思想体系；还在于它第一次全面系统地阐述了马克思主义哲学、政治经济学和科学社会主义，以及这些思想之间的内在联系，阐明和确立了第一个完整的马克思主义理论体系；更在于它提供了锁定时代问题、紧跟社会历史前进方向的认知方法。而这一切，正如马克思所言，真正有科学素养的人，都能够从恩格斯的正面阐述中学到许多东西。

正因如此，《反杜林论》的影响力经久不衰，在马克思主义发展史上占有重要的地位。在随后的几十年里，《反杜林论》的号召力在世界范围内不断加强：1878—1894年，《反杜林论》连续再版，成为多种译本的世界性读物，《反杜林论》的思想早已在世界范围内广泛传播并产生深刻影响。马克思曾指出，《反杜林论》"不仅普通工人……而且真正有科学素养的人，都能够从恩格斯的正面阐述中学到许多东西"。列宁更是认为，《反杜林论》是一部内容十分丰富、十分有益的书，与《路德维希·费尔巴哈和德国古典哲学的终结》《共产党宣言》一样，是每个觉悟工人必读的书籍。早在1932年4月，毛泽东就阅读了《反杜林论》。在艰苦的长征途中，他克服重重困难，把《反杜林论》带到陕北。他不仅在自己的重要著作中反复引用该书原文，而且于1963年，将该书列入干部学习的"30本马列著作"中。正如恩格斯在第三版序言中指出的："本书所主张的观点已经深入科学界和工人阶级的公众意识，而且是在世界上一切文明国家里。"

第一章 《反杜林论》问世的三大现实需要

恩格斯认为杜林的根本错误在于颠倒了经济和政治的关系——杜林认为是政治决定经济，而不是经济决定政治——从而，使杜林暴力论的唯心主义本质公之于众。

恩格斯在初版序言中，直截了当地交代了《反杜林论》的创作背景:《反杜林论》的产生,"决不是什么'内心冲动'的结果",恰恰相反,是当时德国社会民主党内两条路线斗争的产物,是国际无产阶级革命斗争需要的产物。理论在一个国家实现的程度,总是取决于理论满足这个国家的需要的程度。马克思的这句话深刻地阐明了理论需要、理论实现与一个国家现实需要的内在关联。当今世界正处于百年未有之大变局,国内国际形势正在发生深刻而复杂的变化,坚持和发展中国特色社会主义面临很多新课题,因而,对推动实践基础上的理论创新就必然会提出更高的要求。因此,习近平总书记多次强调,敢于和善于分析回答现实生活中和群众思想上迫切需要解决的问题,不断深化改革开放,不断有所发现、有所创造、有所前进,不断推进理论创新。我们不仅要对现实问题进行政策性、对策性研究,还要进行理论概括和提炼,提炼出有学理性的新理论,概括出有规律性的新实践,发展当代中国马克思主义、21世纪马克思主义,不断开辟马克思主义发展新境界。

一、思想论战的需要

19世纪70年代,西方的资产阶级革命已基本宣告结束,进入了为未来改革时代的"和平"准备阶段。尽管是"和平"准备阶段,无产阶级和资产阶级之间的斗争非但从未停止，反而愈演愈烈。1877年10月，马克思在致友人左尔格的信中曾描述："在德国，我们党内……流行着一种腐败的风气。""想用关于正义、自由、平等和博爱的女神的现代神话来代替它的唯物主义的基础。""几十年来我们花费了许多劳动和精力才把空想社会主义，把对未来社会结构的一整套幻想从德国工人的头脑中清除出去……但是，现在这些东西又流行起来。"

为了顺应无产阶级斗争的需要，早在19世纪60年代，第一国际就应运而生，德国社会民主工党继而诞生。进入19世纪70年代，欧美等国的工人在总结巴黎公社经验的基础上，先后建立起社会主义工人政党，积极宣传思想、组织群众，积聚力量，无产阶级的力量空前强大，马克思主义思想在斗争中得到广泛传播。而就在同一时期，国际工人运动的革命中心，已悄然从法国转移到了德国。

1871年普法战争结束，德国实现了统一。统一后的德国，资本主义得到迅速发展。然而，与之相伴的，非但不是体现了自由平等交换原则的市场经济体制下的现代文明成果，反而是资本主义私有制为基础之上的剥削压迫与两极分化。资本主义非但不能解决自由平等公正等问题，反而，随着资本主义的进一步发展，资本主义剥削的进一步加深，工人阶级同资产阶级、封建贵族之间的矛盾也日益尖锐。

阶级矛盾发展到一定阶段，必然引发阶级斗争，德国工人运动蓬勃发展，马克思主义在工人运动中得到广泛传播。气急败坏的俾斯麦政府为了破坏工人运动，一方面，在行动中采取了惨无人道的恐怖政策，迫害工人运动领袖，企图用暴力扼杀无产阶级的革命运动；另一方面，在思想上采用各种阴谋手段分裂和瓦解工人队伍并收买工人贵族，通过大肆宣扬各种浅薄庸俗的折中主义、机会主义

和唯心主义来抵制马克思主义的影响,企图从理论上和思想上腐蚀无产阶级的革命意志,从组织上分裂无产阶级政党,挑起工人阶级内部的斗争。

面对俾斯麦政府的反动统治,德国工人阶级迫切要求建立一个以马克思主义为基础的统一的无产阶级革命政党来领导无产阶级进行斗争。因为在当时的德国,无产阶级组织尚未统一,同时存在着两个组织——德国社会民主工党,又称爱森纳赫派;全德工人联合会,又称拉萨尔派。这两个组织执行着两条根本对立的路线。爱森纳赫派,接受马

1864年9月28日,第一个国际工人政治组织——国际工人协会(即第一国际)在伦敦建立。图为1871年马克思在国际工人协会海牙代表大会上发言 海峰/供图↑

第一章 《反杜林论》问世的三大现实需要 013

知识链接

俾斯麦

俾斯麦（1815—1898），德国首相，获伯爵、公爵称号。出身贵族，是普鲁士贵族利益的忠实捍卫者，19世纪80年代社会民主主义运动的疯狂镇压者。俾斯麦以其铁血政策著称，即对内和对外都主张采取武力政策。在其铁血政策下，普鲁士于1871年战胜法国，统一德意志联邦为德意志帝国，他因而被任命为德国首相，因其铁血政策，被称为铁血宰相。俾斯麦是19世纪下半叶欧洲政治舞台上的风云人物。1890年，威廉二世将其解职。此后的他，居住在汉堡附近的弗里德里希斯鲁庄园，撰写了回忆录《思考与回忆》。

克思主义的指导，参加了第一国际，基本上属于马克思主义派别，执行马克思主义革命路线；而拉萨尔派，不参加第一国际，以拉萨尔主义为指导思想，属于机会主义派别，执行右倾机会主义路线。拉萨尔虽然标榜自己是"唯物主义者""社会主义者"，但实际上，他是标准的反马克思主义者。马克思本人也曾指出拉萨尔事实上背叛了党。事实也是如此，拉萨尔接受俾斯麦的秘密津贴，在政治上一味空喊要通过选举把政权转移到无产阶级手里，而根本拒绝谈武装夺取政权的问题。拉萨尔为反动统治者效劳的事实很快昭然于世，他所组织的全德工人联合会也很快面临瓦解的窘境。为了挽回局面，拉萨尔提出要与爱森纳赫派合作。

1875年5月，在哥达召开的联合代表大会上实现德国社会民主工党和全德工人联合会的统一，组成德国社会主义工人党（1891年更名为德国社会民主党）。两派合并是大势所趋，是有利于无产阶级斗争和争取无产阶级利益的。但是，如何合并，以什么原则合并，合并之后执行什么路线，却存在着争议。

从两党联合代表大会上通过的《哥达纲领》来看，尽管德国工人阶级在组织上实现了统一，但是，这个统一却并不是建立在马克思主义原则的基础上的统一，也并没有划清同反马克思主义的思潮和机会主义路线的界限。这种思想上对机会主义的容纳，很可能会成为重新分裂的伏笔。

马克思和恩格斯坚决反对《哥达纲领》。为此，马克思写了《哥达纲领批判》，彻底批判拉萨尔的机会主义观点。但是，考虑到两个工人政党刚刚实现统一，不宜激化矛盾而扼杀团结，造成分裂，《哥达纲领批判》并没有及时发表。合并后，德国社会主义工人党的思想水平大大下降，党内对机会主义的妥协情绪甚嚣尘上，机会主义的、反马克思主义的思想日益流行。其中，最具代表性的就是杜林。

时任柏林大学讲师的杜林，撰写大量著作，宣扬终极的绝对真理"体系"，疯狂地向马克思主义进攻。伯恩施坦把杜林的文章转载到社会民主党机关报上，吹捧杜林的文章，企图使杜林的理论被工人群众广为接受。甚至建党领袖李卜克内西、倍倍尔也在一定程度上认可了杜林及其思想。由此可见，杜林思想在当时社会民主党内的影响。

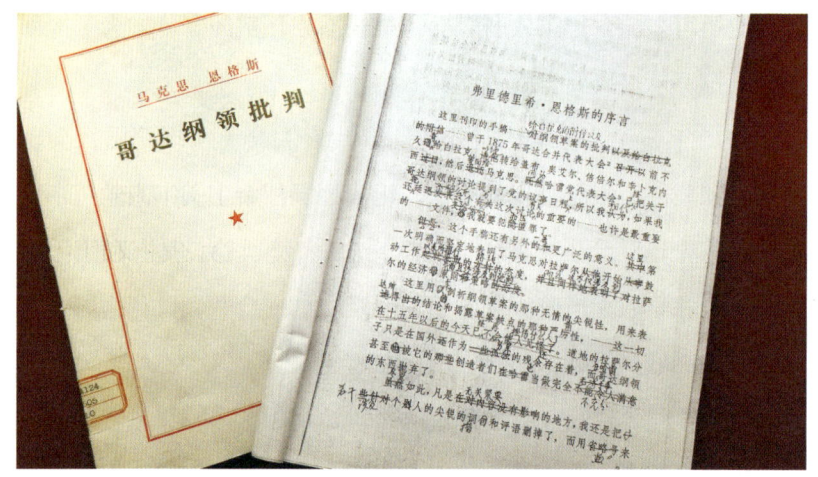

《哥达纲领批判》（成仿吾翻译） 江湖雨/供图↑

当务之急，马克思和恩格斯面临的一项迫切任务就是粉碎杜林的进攻，阐明马克思主义的基本理论，通过提高社会民主党的思想理论水平，帮助这个刚刚统一不久的党走上正确的道路。

一个政党的性质，不仅仅取决于它的旗帜，更取决于它的指导思想、理论基础和基本路线。习近平总书记在庆祝中国共产党成立100周年大会上的讲话中，深刻论述了坚持马克思主义指导地位的极端重要性，强调："马克思主义是我们立党立国的根本指导思想，是我们党的灵魂和旗帜。中国共产党坚持马克思主义基本原理，坚持实事求是，从中国实际出发……归根到底是因为马克思主义行！"

二、捍卫马克思主义原则的需要

要想建立一种正确的理论体系,必须有正确的理论基础,而正确的理论基础,则必须有科学的理论原则。就马克思主义理论而言,唯物史观和剩余价值学说就是马克思主义者思考社会历史发展规律和揭示资本主义发展及变化规律的基本原则。离开这一原则的任何理论建构随时都有沦为杜林者同类的危险。马克思深刻指出:"同拉萨尔分子的妥协已经导致同其他不彻底分子的妥协:在柏林(通过莫斯特)同杜林及其'崇拜者'妥协。"[1]

在原则面前,没有选择,只有捍卫。

早在1867年,马克思的《资本论》第一卷问世时,杜林就开始写文章"批判"《资本论》,攻击马克思主义。杜林看到通过攻击马克思主义来投靠俾斯麦政府,并不能达到自己飞黄腾达的野心。于是,就在1875年前后,突然宣布改信社会主义,并以社会主义"改革家"的身份自居,打着"社会主义"的招牌,扮着"科学"的伪装,先后出版《国民经济学和社会主义批判史》、《国民经济学和社会经济学教程》、《哲学教程——严密科学的世界观和人生观》(以下简称《哲学教程》)等主要著作,以假乱真、混淆思想,疯狂攻击马克思主义,对马克思主义的基本原则和主要思想提出了挑战。

首先,在哲学上,杜林鼓吹唯心主义和形而上学,反对唯物论和辩证法,反对历史唯物主义。倡导以折中主义为原则,通过把机

---

[1]《马克思恩格斯选集》第4卷,人民出版社1995年版,第627页。

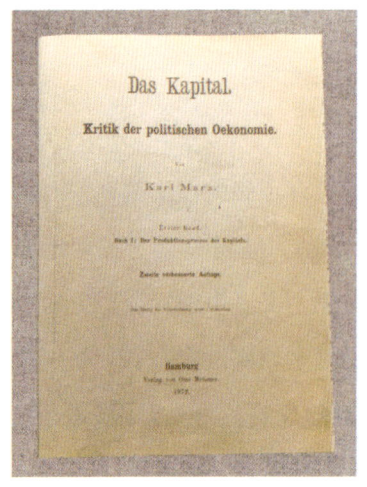

《资本论》第一卷（1872年德文版）封面 海峰/供图↑

械唯物主义、实用主义和康德主义等形形色色的唯心主义混搭起来，实现混淆唯物主义和唯心主义的原则界限，进而达到调和矛盾的目的。

其次，在政治经济学上，杜林广泛散布庸俗经济学的观点，通过歪曲马克思的剩余价值学说来掩盖无产阶级和资产阶级之间的根本对立；通过宣扬庸俗的政治经济学和社会主义理论，以达到宣扬资产阶级改良主义，反对无产阶级革命和无产阶级专政的目的。

最后，在社会主义理论上，杜林是典型的社会主义"四不像"。杜林认为他的社会主义蓝图通过工人运动对立法的不断施加影响就能够得以实现。从而，从根本上否认无产阶级革命，否定暴力革命。

不仅如此，杜林通过自吹是哲学、政治经济学和社会主义学说的真正的改革者，完全否认马克思主义在社会科学领域所实现的革命变革。总之，杜林对马克思主义的进攻，不仅公开化，而且白热化，俨然成为马克思主义最危险的敌人。

思想上的混乱直接影响行为的正确性。杜林思想直接危害了当时德国工人党的健康发展。1875年，两党合并后在党内滋长的对机会主义的迁就情绪，进一步致使杜林的反动理论大肆泛滥，杜林的反动思想在当时工人运动内部得以广泛传播开来。

当时，社会民主党内的一部分领导人，如莫斯特、恩斯、伯恩施坦和弗里切等都成了狂热的杜林分子，他们和杜林一起，形成了一个机会主义的小宗派，狂热地赞颂杜林是"科学领域内最热心、最果敢、最勤奋的首领"，称颂杜林的著作是"划时代的著作"。1874年，倍倍尔曾匿名发表文章称赞杜林的"基本观点是卓越的"。正如恩格斯所指出的，杜林先生及其小宗派利用了一切广告和阴谋的手段，通过党刊向工人阶级散布、推销，杜林的权威通过党的领导人被确立。

由此可见，德国社会主义工人党，面临的一个紧迫的问题是：到底是以杜林主义作为党的理论基础，还是以马克思主义作为党的指导思想。因为这不仅是关系德国社会主义工人党能否作为一个真正的无产阶级政党而存在的性质问题，同时，因为当时的德国工人阶级正处于国际无产阶级斗争的最前列，也关系到整个国际共产主义运动沿着什么方向前进的道路问题。

面对杜林主义给政党在思想上和组织上造成的严重的混乱，为了捍卫科学社会主义的学说，使刚刚统一起来的德国社会主义工人党沿着正确道路前进，必须批驳杜林主义，捍卫马克思主义原则。

恩格斯正是抓住杜林理论和实践关系根本颠倒、对马克思主义原则的背离，系统地批判了杜林的思想体系。恩格斯深刻地指出，机会主义是经过乔装打扮的资产阶级和小资产阶级的思想在党内的表演。机会主义者打着马克思主义的旗号，行的是歪曲、篡改和钝化马克思主义的事实，目的是使马克思主义满足资产阶级的要求。

机会主义者试图把马克思主义变成无产阶级和资产阶级都能接受的理论,这彻底背离了马克思主义的基本原则。

打蛇打七寸,刨树要刨根。抓住根本,必然能打中要害。恩格斯从捍卫马克思主义基本原则的角度出发,一招制敌,给杜林主义以毁灭性的打击,使其无力反扑。从而,杜林的思想也很快成为历史的垃圾,被送进了历史的焚烧厂。对此,毛泽东曾明确指出:"机会主义和冒险主义,都是以主观和客观相分裂,以认识和实践相脱离为特征的。"[1]这不仅是对中国革命和党内斗争经验的总结,也是对国际革命斗争经验的总结。

三、指导国际无产阶级革命的需要

恩格斯为了不使德国社会主义工人党受到危害,为了捍卫和发展马克思主义,毅然决然地担当起批判杜林的历史任务。杜林的基本观点认为,私有制、阶级和不平等的产生是源于暴力。暴力破坏了历史上永恒的经济规律。恩格斯认为杜林的根本错误在于颠倒了经济和政治的关系——杜林认为是政治决定经济,而不是经济决定政治——从而,使杜林暴力论的唯心主义本质公之于众。与此不同的是,马克思主义认为经济基础决定上层建筑,但上层建筑一旦形成,就会对经济基础有一定的反作用。暴力也是如此,革命暴力就起着推动历史的作用。资本主义的经济危机,不仅暴露了生产力和生产关系的矛盾,同时,也暴露出资本主义私有制超出了资产阶级

---

[1]《毛泽东选集》第一卷,人民出版社1991年版,第295页。

所能管理的范围。只有无产阶级，才能消除资本主义社会存在的各种矛盾。

在同杜林的论战中，恩格斯耗时两年时间为国际无产阶级革命写下光辉的思想巨著《反杜林论》，成为国际无产阶级革命的重要思想武器。恩格斯在《反杜林论》一书中，彻底地批判了杜林，捍卫了共产主义学说，提高了全党的思想理论水平，有力地维护了党的团结和统一，避免了党内出现派别分裂和混乱局面，使刚刚统一起来的党沿着正确的道路前进。

需要指出的是，恩格斯撰写并出版《反杜林论》一书的过程本身就是无产阶级革命的过程。恩格斯对杜林思想的致命批判，引起了德国社会主义工人党内部杜林分子的仇恨。1877年5月27日至28日，莫斯特就在哥达召开的德国社会民主党代表大会上，公然提出不许《前进报》刊登恩格斯批判杜林文章的议案。1878年10月，德国俾斯麦政府甚至还颁布了"反社会党人法"，查禁所有革命书刊。要知道，在真理面前，查禁不但阻挡不住真相，反而会使真相传播得更

面对杜林的狂妄无知，恩格斯用两年时间完成了《反杜林论》，对杜林论进行了全面深刻的批判。图为恩格斯↑

第一章 《反杜林论》问世的三大现实需要 021

快,正如恩格斯在《反杜林论》中所言:"被禁的书籍两倍、三倍地畅销,这暴露了柏林的大人先生们的无能,他们颁布了禁令,却不能执行。"不仅如此,在第三版序言中,恩格斯欣慰地说:"我感到十分满意的是,自从第二版以来,本书所主张的观点已经深入科学界和工人阶级的公众意识,而且是在世界上一切文明国家里。"

不仅如此,恩格斯撰写《反杜林论》的整个过程都得到了马克思的参与和支持。可以说,《反杜林论》是马克思和恩格斯共同智慧的结晶。如恩格斯在书中所言:"本书所阐述的世界观,绝大部分是由马克思确立和阐发的,而只有极小的部分是属于我的,所以,我的这种阐述不可能在他不了解的情况下进行,这在我们相互之间是不言而喻的。在付印之前,我曾把全部原稿念给他听,而且经济学那一编的第十章(《〈批判史〉论述》)就是马克思写的,只是由于外部的原因,我才不得不很遗憾地把它稍加缩短。"

《反杜林论》帮助德国社会主义工人党的许多领导人提高了马克思主义水平,认识到马克思和恩格斯对杜林的批判是正确的。进而,抛弃了资本主义"和平"发展时期的机会主义思想,最终把党引上了进行不调和的斗争的道路。列宁指出:"一切富有生命力的社会主义者(当然是以倍倍尔为首)很快就认识到这些'新'理论的十足的腐朽性,并与这些理论和一切无政府主义的意图一刀两断。"[1]

不仅如此,《反杜林论》的发表也教育了德国广大党员和工人群众。一些党员写信给恩格斯表示,阅读恩格斯的文章,感到真是从未有过的莫大享受,这些文章可以一读再读,越读越有新的感受。

---

[1]《列宁全集》第23卷,人民出版社2017年版,第386页。

许多工人第一次清楚地认识到革命理论的意义和伪装的杜林主义的危险性。总之,《反杜林论》的出版,粉碎了杜林及其集团的围攻,捍卫了马克思主义的世界观,加强了德国社会主义工人党的思想基础,巩固了党的统一和团结。到19世纪90年代,《反杜林论》一书,俨然已经成为国际无产阶级革命的有力武器,有力地推动了国际共产主义运动的发展。

也正是在与拉萨尔的机会主义和杜林主义的斗争中,恩格斯深刻地总结出了国际共产主义运动中,存在着的两条路线斗争的基本经验,强调了无产阶级政党,尤其是党的领导干部(党的高级领导者尤甚)学习马克思主义基本理论的重要意义。恩格斯向当时德国工人党的领导人建议:"领袖们有责任越来越透彻地理解种种理论问题,越来越多地摆脱那些属于旧世界观的传统言辞的影响,而时时刻刻地注意到:社会主义自从成为科学以来,就要求人们把它当作科学看待,就是说,要求人们去研究它。"[1]

只有用科学的理论武装起来,德国工人

恩格斯的《反杜林论》首次全面地、系统地阐述了马克思主义的三个组成部分及其内在联系,被誉为"马克思主义的百科全书"。图为人民出版社出版的《反杜林论》封面↑

---

[1]《马克思恩格斯选集》第2卷,人民出版社1995年版,第636页。

阶级及其政党，才能经受得住阶级斗争的严峻考验，才能充分发挥自己的先锋作用。不仅如此，重视理论武装，也成了马克思主义政党的本质特征。恩格斯指出，一个民族想要站在科学的最高峰，就一刻也不能没有理论思维；列宁也强调马克思主义理论武装的重要性：只有以先进理论为指南的党，才能实现先进战士的作用。中国共产党自成立之日起，就把马克思主义作为指导思想，写在了自己的旗帜上，百年党史，是我们党更加确信科学的理论武装，是克难制胜的重要法宝。习近平总书记强调，加强马克思主义特别是新时代中国特色社会主义思想的理论武装，使各级党组织和广大党员、干部特别是领导干部掌握马克思主义理论武器，提高马克思主义理论水平和运用能力，共同把党的创新理论转化为推进新时代中国特色社会主义伟大事业的实践力量。

中国共产党的先进性，首先，体现为思想理论的先进性。其次，体现为理论武装的先进性。理论创新每前进一步，理论武装也要跟进一步，党的事业也就迈进一步。习近平新时代中国特色社会主义思想是当代中国马克思主义、21世纪马克思主义，是中华文化和中国精神的时代精华，实现了马克思主义中国化时代化新的飞跃，是党和国家必须长期坚持的指导思想。学懂弄通、深刻领会贯穿其中的马克思主义立场观点方法，才能掌握运用改造主观世界和客观世界的时代思想武器。

第二章 《反杜林论》的三版序言和引论

任何社会形态的变革与发展,都以生产力的发展作为基础条件。只有承认生产力的决定性作用,生产力是根本标准,以此为前提,才能正确处理好生产力同生产关系之间的矛盾,经济基础同上层建筑之间的矛盾。

1875年2月1日，威廉·李卜克内西致信恩格斯："你是否愿意写篇文章（严厉地）清算杜林？他在他的国民经济学批判史第二版中重复了他对马克思充满忌妒的全部愚蠢谰言。我在圣诞节前曾听了此人的一次讲课：狂妄自大，咬牙切齿地忌妒马克思，无非是这类货色。他在我们许多人当中（特别是在柏林）影响很深，必须彻底收拾他。"[1]他希望恩格斯出面批判杜林。同年11月，李卜克内西又四次致信恩格斯，请他尽快地、彻底地批判杜林及其思想。然而，此时的恩格斯，正在抓紧时间创作他的《自然辩证法》。尽管如此，恩格斯决定暂时放下《自然辩证法》的研究工作，并于1876年5月24日写信给马克思，表示要批判杜林及其思想。马克思在回信中给予坚决的支持："我的意见是：'我们对待这些先生的态度'只能通过对杜林的毫不留情的批判来表示。他显然在崇拜他的那些舞文弄墨的不学无术的钻营之徒中间进行了煽动，以便阻挠这种批判；他们那一方面把希望寄托在他们所熟知的李卜克内西的软弱性上。顺便指出，李卜克内西有义务（这一点必须告诉他）向这些家伙说清楚：他一再要求进行这种批判；几年来（因为事情是从我第一次自卡尔斯巴德回来时开始的），我们把这看做是次要的工作，没有接受下来。正如他所知道的和他给我们的信件所证明的那样，只是在他多次寄来各种不学无术之徒的信件，使我们注意到

---

[1]《马列著作编译资料》第1辑，人民出版社1978年版，第111页。

那些平庸思想在党内传播的危险性的时候，我们才感到这件事情值得花力气去做。"[1] 恩格斯批判杜林及其思想，得到了马克思的高度肯定和支持。此后的三个月里，恩格斯订购杜林书籍、参阅杜林文章，查阅相关著作资料，分别进行摘录和分析。1876 年 8 月 25 日，恩格斯致信马克思："从今天算起，过一个星期，我们将返回伦敦，那时我立即着手批判这个家伙。"[2] 1878 年 7 月初，恩格斯陆续完成《反杜林论》的写作，并发表。在历时两年的创作过程中，恩格斯和马克思就批判的原则立场方法、步骤策略分工，不断地交流探讨，马克思参与了《反杜林论》初稿部分章节的撰写。

1877 年 7 月，《反杜林论》的第一编以《欧根·杜林先生在科学中实行的变革。一、哲学》为题，在莱比锡出版了单行本。1878 年 7 月，第二、三编以《欧根·杜林先生在科学中实行的变革。二、政治经济学·社会主义》为题，同样在莱比锡出版了单行本。1878 年 7 月，《反杜林论》全书在莱比锡出版第一版，标题为《欧根·杜林先生在科学中实行的变革。哲学·政治经济学·社会主义》。这个标题套用了杜林 1865 年在慕尼黑出版的《凯里在国民经济学说和社会科学中实行的变革》的书名。《反杜林论》第二版、第三版，以《欧根·杜林先生在科学中实行的变革》为标题，未加副标题《哲学·政治经济学·社会主义》。1879 年 11 月 14 日，恩格斯在给奥·倍倍尔的信中，把这部书称作《反杜林论》。后经列宁等马克思主义经典作家沿用，遂以《反杜林论》为正标题，而原书名则作为副标题使用。

...

1 恩格斯：《反杜林论》，人民出版社 2015 年版，第 393—394 页。
2 同上书，第 397 页。

在第一版序言中，恩格斯主要说明了《反杜林论》的写作原因和写作方法。其中两个方面尤为值得关注。其一，恩格斯在《反杜林论》中，第一次使用了"历史唯物主义"这个马克思主义术语，并对其作了简要说明。其二，恩格斯强调《反杜林论》中绝大部分的思想是马克思确立和发展的，只有少部分是恩格斯的。恩格斯在此强调和捍卫的是理论的严谨性和科学性，批判的是创造体系的随意性和主观性。《反杜林论》的严谨性和科学性，一方面，在于其是马克思主义世界观和方法论的延续。从《哲学的贫困》，到《共产党宣言》的问世，再到《资本论》的出版，马克思主义思想是马克思数十年如一日孜孜不倦、研几析理、一以贯之的理论成果。绝不是一个随意创作的体系。另一方面，《反杜林论》还是马克思主义理论所经历的一次现实的考验。千锤百炼、淬火成钢。马克思主义的世界观和方法论，之所以能够受到全世界无产者和理论家的拥护和重视，在于它勇于、乐于接受现实挑战、解决现实问题、指导现实实践。对此，习近平总书记强调："马克思主义理论的科学性和革命性源于辩证唯物主义和历史唯物主义的科学世界观和方法论，为我们认识世界、改造世界提供了强大思想武器，为世界社会主义指明了正确前进方向。"[1]

在《反杜林论》第二版序言中，恩格斯主要论述了《反杜林论》的再版原因和增补情况。本序言涉及恩格斯关于"一个核心问题"的表述。这个"核心问题"就是唯物史观，即重大历史事件的终极原因和伟大动力是社会经济的发展，是生产方式和交换方式的

---

[1]《深刻感悟和把握马克思主义真理力量　谱写新时代中国特色社会主义新篇章》，《人民日报》2018年4月25日。

改变。恩格斯"一个核心问题"的论述具有重大理论和现实意义。其一，恩格斯科学地揭示了社会发展的决定性力量。经济关系决定阶级的产生和发展，经济利益决定阶级斗争，政治权利同样是实现经济利益的手段。其二，恩格斯阐释了人类社会经济形态的演进规律。人类历史的发展体现出总趋势上的不可逆转性，过程上的由低向高性。在纪念马克思诞辰200周年大会上，习近平总书记指出："学习马克思，就要学习和实践马克思主义关于生产力和生产关系的思想。""自觉通过调整生产关系激发社会生产力发展活力，自觉通过完善上层建筑适应经济基础发展要求，让中国特色社会主义更加符合规律地向前发展。"任何社会形态的变革与发展，都以生产力的发展作为基础条件。只有承认生产力的决定性作用，生产力是根本标准，以此为前提，才能正确处理好生产力同生产关系之间的矛盾，经济基础同上层建筑之间的矛盾。

恩格斯在《反杜林论》第三版序言中，主要阐释了《反杜林论》的思想影响和新增补情况。

在《引论》章中，恩格斯以总论的形式概括了马克思主义基本思想。这部分由《概论》和《杜林先生许下了什么诺言》两部分组成。《概论》部分主要论述马克思主义在哲学、政治经济学和科学社会主义理论上的新突破、新变革；《杜林先生许下了什么诺言》则重点揭露杜林哲学体系的自相矛盾和狂妄自大。

一、第一版序言：
《反杜林论》的写作原因和写作方式

第一版序言写于1878年6月11日，共有七个自然段。第一、二、三段主要介绍《反杜林论》创作的历史与现实原因，第四、五段解释了《反杜林论》的写作方式，第六、七段是就《反杜林论》中有关自然科学的证明材料进行说明。总之，第一版序言的中心思想是以回应党内杜林分子将《反杜林论》视为内心世界一时激动的结果为引子，交代恩格斯撰写《反杜林论》背后深刻的社会历史背景，即《反杜林论》是马克思主义传播过程中，与德国工人运动的错误思想斗争的理论成果。恩格斯在第一版序言中开门见山地指出："这部著作决不是什么'内心冲动'的结果。恰恰相反。"[1]

那么，这里的"恰恰相反"指的是什么呢？

首先，是"为了不在如此年轻的、不久前才最终统一起来的党内造成派别分裂和混乱局面的新的可能，这样做是完全必要的"[2]。显然，批判杜林，保护刚刚统一不久的德国社会主义工人党，是恩格斯写作《反杜林论》最为直接的原因。

如上所述，杜林的思想，已经直接危害到当时德国社会主义工人党的发展，以伯恩施坦、莫斯特、恩斯、弗里茨舍和瓦尔泰希等为代表的狂热机会主义者，对杜林的说教崇拜得五体投地，利用一切机会吹捧杜林。他们赞颂杜林的著作是"划时代的著作"；吹捧

---

[1] 恩格斯：《反杜林论》，人民出版社2015年版，第3页。
[2] 同上。

杜林的科学事业是"最热心的、最坚强和最勤奋的";鼓动许多党员和青年大学生听杜林的课;采取各种方式使党的中央机关报变为杜林的宣传阵地。如此,到19世纪70年代时,杜林在德国社会主义工人党中的影响已经相当大了。尤其是杜林常常以社会主义的拥护者、改革者自居,在当时,颇受德国先进舆论界的好评。

正如梅林在《马克思传》中所言,任何一个表示愿意效劳,并且愿意奉献出某种治疗社会恶疾的药方的人,都会被欣然接纳。而从学院里潮涌而来的那批人,尤其受到欢迎,因为,这有利于加强无产阶级和科学的联盟。一位大学讲师,如果他按照对于社会主义的多种多样的理解中的任何一种来向社会主义靠拢,或者表示希望靠拢,他就不必担心他所兜售的知识货色会受到过分严厉的批评。杜林特

马克思、恩格斯雕像　海峰/供图↑

别具有免受这种批评的条件。加之,当时的德国工人阶级处于国际无产阶级斗争的前列,所以德国社会主义工人党的进展事关整个国际共产主义运动的大问题。因此,马克思和恩格斯开始日益关注杜林。其实,马克思和恩格斯对杜林的关注,始于1867年12月,当时,杜林发表了对《资本论》第一卷的评论。众所周知,《资本论》出版于1867年,德国官方的经济学代表人物以沉默来抵制,妄图使其自生自灭。而杜林是第一个撰文评论《资本论》的人,马克思当时就指出杜林评论的问题:"这是一个往常极为傲慢无礼的家伙,他俨然以政治经济学中的革命者自居。"[1] 恩格斯更是称杜林为庸俗的经济学家。1868年1—3月,从马克思和恩格斯的许多书信中都能够看出他们对杜林的批判态度。

其次,批判杜林,提高党员和工人的思想认识水平和洞察力,划清马克思主义与杜林主义以及其他一些主义之间的界限,是恩格斯写作《反杜林论》的第二个原因。恩格斯指出,这项工作是为了克服"一种幼稚病","'创造体系的'杜林先生在当代德国并不是个别的现象"。"这是一种幼稚病,它表明德国大学生开始向社会民主主义转变,而这种幼稚病是和这一转变分不开的,可是我们的工人因有非常健康的本性,一定会克服这种幼稚病。"[2] 恩格斯尖锐地洞察出流行于当时的德国社会的"一种幼稚病",指明杜林及其这种"幼稚病"的第一个病症是吹牛。在当时的德国,创造体系的倾向并不是个别现象,就连资产阶级理论界最不起眼的哲学博士,乃至大学生,动辄就要创造整个体系。其实,杜林就是这种现象的最

---

[1] 恩格斯:《反杜林论》,人民出版社2015年版,第390页。
[2] 同上书,第4、5页。

标准的典型之一。这种"幼稚病"的第一个病症是伪装。从杜林的所谓的创造体系来看，他跟马克思主义哲学产生之前的所有旧哲学一样，都是试图给自己的哲学创造一个终极体系。从这个角度来看，杜林的创造体系不过就是给旧的哲学体系乔装打扮。众所周知，在马克思主义哲学产生以前，旧的哲学必须能拿出自己的绝对真理体系才能成为哲学。就连黑格尔哲学也不例外，为了建立自己的体系，黑格尔将辩证法中的合理内核挤压掉，最终导致体系与方法论之间出现了不可调和的矛盾。恩格斯批判了黑格尔哲学中的唯心主义和绝对真理。因为，马克思主义者认为认识世界及世界发展规律的过程，同自然界和社会的发展一样，是永无止境的。我们的知识在科学发展的每一个特定阶段，都会受到历史上已经达到的认识水平的限制。随着认识和实践的日益发展，人类关于世界的认识也会日益加深。但事实是，这里描述的只是一个过程，而不是一种状态。因此，我们不能把某个历史阶段所认识的真理当作终极真理，这不过是接近终极真理的过程，通过无数相对真理的认知，人们会无限接近终极真理，但是，永远也无法穷尽终极真理。也就是说，创建一个终极真理体系既是不科学的也是不可能的。可见，杜林妄图创建终极的绝对真理体系的想法，不仅说明他吹牛，更说明他无知。

最后，批判杜林，通过系统地阐述和传播马克思主义基本理论，进而彻底粉碎杜林主义对马克思主义的进攻，是恩格斯写作《反杜林论》的第三条原因。恩格斯说这是啃一个"酸果"，"这是一只一上口就不得不把它啃完的果子；它不仅很酸，而且很大。这种新的社会主义理论是以某种新哲学体系的最终实际成果的形式出现的。因此，必须联系这个体系来研究这一理论，同时研究这一体系本身；必须跟着杜林先生进入一个广阔的领域，在这个领域中，他谈到了所有可能涉及的东西，而且还不止这些东西"[1]。恩格斯通过《反杜林论》向德国社会主义工人党，以及德国工人阶级的先进分子传播他们迫切需要的马克思主义，这是与杜林及其分子斗争的过程，同时，也是宣传和传播马克思主义的过程。而正是通过这个过程，使越来越多的人越来越清楚地认识到杜林主义的虚伪与荒唐。换个角度来讲，杜林及其分子对马克思主义的污蔑，非但丝毫不能触及马克思主义基本理论的真理性，反而，成为系统地建立起宣传和传播马克思主义基本理论的契机。不仅如此，在当时，德国社会主义工人党的普通党员对杜林的态度，在很大程度上，其实取决于他们的领导人对杜林的态度。而杜林的观点，当时只在柏林有市场，在柏林之外几乎毫无卖点。汉堡党的机关报编辑曾写

----

[1] 恩格斯：《反杜林论》，人民出版社2015年版，第3—4页。

德国近代唯心主义哲学的代表人物黑格尔　文化传播/供图↑

信告诉恩格斯，杜林主义在这里根本生不了根，我在我们的报纸上坚决表示反对杜林，在整个汉堡，没有一个替他说好话的。尽管《反杜林论》的最终付梓经历了严峻的斗争，然而，这场斗争最终还是以胜利告终。为什么？因为这场斗争适应了革命斗争的实践需要。杜林思潮的破产，同时从另一个侧面反映出马克思主义在德国工人阶级革命政党的事业中不可撼动的指导地位。

二、第二版序言：
《反杜林论》的再版原因和增补情况

第二版序言写于1885年9月23日，共有十二个自然段。第一至三段说明了《反杜林论》再版的原因，指出同杜林的论战已经从消极应战转变为积极地对马克思主义学说作系统性的阐述；第四段恩格斯着重强调了与马克思主义的关系；第五至八段解释具体修改《反杜林论》的原则和理由；第九至十二段论述唯物辩证法与自然科学的关系。这版序言的中心思想是随着研究的深入而逐渐完善的，并且科学的马克思主义理论内容本身就应是在社会科学和自然科学的研究中进行不断的补充和发展。在这版序言中，恩格斯主要介绍了再版的社会历史背景、《反杜林论》与马克思的关系、修改增补情况，并且阐述了辩证唯物主义自然观与马克思主义哲学的关系。

首先，恩格斯介绍了《反杜林论》再版的社会历史背景。理论的生命力，取决于理论的创新力。随着理论研究的深入与社会实践的发展，《反杜林论》不断得到完善和扩充。恩格斯从来不以僵化的、教条主义的思维方式去看待自己的理论成果，反而坚定地认为，应该根据新的认识和实践的变化，对原有的理论进行应有的修改和增补。这一行为本身就体现了马克思主义者的伟大——敢于革命和自我革命。其实，《反杜林论》在恩格斯生前就已经产生了巨大的社会效应。主要表现在两个方面：其一，1876年9月，德国社会主义工人党机关报连载恩格斯反对杜林的论文，在党内外引起较大震动；1877年5月29日，德国社会主义工人党就恩格斯的文章是否应该在《前进报》上发表，专门召开代表大会讨论；据伯恩施坦说，党内以莫斯特为首的、占代表人数多半的代表，对在《前进报》上发表恩格斯的文章持反对态度，最终经过激烈的辩论，大会通过一项折中建议——把恩格斯的文章发表在《前进报》的学术副刊上。这次代表大会证明了恩格斯的论著在当时已然产生了巨大社会反响，所以才在党内召开专门的代表大会，经过辩论、以投票的方式表决。其二，《反杜林论》单行本第一版问世后，在恩格斯生前又继续出版了第二版和第三版，表明《反杜林论》拥有广泛的受众。《反杜林论》受众广泛的原因，恩格斯着重将其归因于俾斯麦政府于1878年颁布的"反社会党人法"。

"反社会党人法"，又称"反社会主义非常法令"，是1878年10月21日，以俾斯麦为首的德国反动政府颁布的，反对社会主义，迫害工人阶级及其政党的特别法令。法令规定，凡是进行社会主义宣传的所有组织、出版机构、团体一律被禁止。政府可以不经任何法律程序，随意逮捕、放逐所有被认为危害安宁的危险分子。这迫使社会主义工人党沦为非法地位。法令公布施行后，统治阶级残酷地迫害社会主义工人党、摧残工人组织、取缔工人运动，大肆逮捕、流放社会主义工人党党员，以及其他进步人士。其中：有332个工

> **知识链接**
>
> ## 反社会党人法
>
> 　　反社会党人法，又称反社会主义非常法令，是1878年德意志帝国俾斯麦政府为取缔和镇压德国社会民主党及工人运动，颁布的一项反对社会主义及其政党、成员的反动法令。该法令规定：但凡进行社会主义宣传的组织、出版团体，一律禁止。政府可以不通过任何法律程序逮捕危害社会安定的"危险分子"。这项法令的颁布，等于宣判当时的社会民主党的非法地位。社会民主党遭受残酷的镇压，工人组织遭受无情的摧残，工人运动陷入困境，社会民主党成员和相关进步分子被大肆逮捕和流放。

人组织被查封；所有的进步报纸被查禁；155种定期刊物、1200多种书册被禁出，《反杜林论》同样不能幸免。

　　尽管如此，《反杜林论》依旧畅销各地。究其原因，一方面是因为其系统地批判了杜林，另一方面更是因为其第一次系统地阐明了马克思主义的三个来源、三个组成部分，以及它们之间的关系，从而得到了世界无产阶级的热烈拥护。除此之外，把该书列入查禁书反而是弄巧成拙，查禁反而更加激发了公众强烈的好奇心理：书中有什么样的内容会被查禁。进而，激发了公众的关注度。《反杜林论》不断再版。该书第三编《社会主义》中的《理论》一章的内容，修改后以《社会主义从空想到科学的发展》为题出版的单行本，就在德国出版四次，并被译成法文、英文、俄文、丹麦文等出版发行。可见，《反杜林论》的思想早已冲破德国的国界，在世界范围内广为传播。

其次，恩格斯指出《反杜林论》与马克思的关系。恩格斯在第二版序言中强调："本书所阐述的世界观，绝大部分是由马克思确立和阐发的，而只有极小的部分是属于我的。"类似的表述，无论是在马克思生前，还是在马克思逝世后，恩格斯都不止一次地提到。1888年，恩格斯就在《路德维希·费尔巴哈和德国古典哲学的终结》中说道："请允许我在这里作一点个人的说明。近来人们不止一次地提到我参加了制定这一理论的工作，因此，我在这里不得不说几句话，把这个问题澄清。我不能否认，我和马克思共同工作40年，在这以前和这期间，我在一定程度上独立地参加了这一理论的创立，特别是对这一理论的阐发。但是，绝大部分基本指导思想（特别是在经济和历史领域内），尤其是对这些

"反社会党人法"是德意志帝国俾斯麦政府颁布实施的旨在镇压德国社会主义运动的法律。图为德意志帝国首相俾斯麦 文化传播/供图↑

指导思想的最后的明确的表述，都是属于马克思的。我所提供的，马克思没有我也能够做到，至多有几个专门的领域除外。至于马克思所做到的，我却做不到。马克思比我们大家都站得高些，看得远些，观察得多些和快些。马克思是天才，我们至多是能手。没有马克思，我们的理论远不会是现在这个样子。所以，这个理论用他的名字命名是理所当然的。"[1]

梅林也回忆道："恩格斯总是承认马克思的天才高过自己，并且认为在他们共同的事业中他自己不过是第二提琴手。但是他绝不仅仅是马克思的解释者和助手；他是马克思的一个才能不同然而旗鼓相当的独立的合作者。在他们建立友谊的最初时期，在一个重要的知识领域内，恩格斯是所予多于所取的，这一点，在二十年后马克思本人给恩格斯的一封信中可以得到证明。他写道：'你知道，首先，我对一切事物的理解是迟缓的；其次，我总是踏着你的脚印走。'恩格斯携带的是轻便武器，因而行动迅速得多；他的眼光十分敏锐，能够一眼看透任何问题或形势的本质，但是不够深入，不能立时看到使重要问题的解答复杂化的各种反面论点。对于一个行动者来说，这个缺点却是一个很大的优点，因而马克思不先同恩格斯商量，从来不作出任何政治决定，因为恩格斯总是能击中要害的。"[2]

在第二版序言中，恩格斯简略回忆了马克思主义产生、发展和传播的历史。一方面，可以看出，恩格斯是将《反杜林论》看作发

---

[1] 恩格斯：《路德维希·费尔巴哈和德国古典哲学的终结》，人民出版社 2018 年版，第 38 页。

[2] [德]弗·梅林：《马克思传》，樊集译，人民出版社 1965 年版，第 295—296 页。

展和传播马克思主义过程的一个部分。另一方面，也表明批判杜林的斗争，是在马克思和恩格斯共同的世界观基础上进行的。这个共同的共产主义世界观，是马克思和恩格斯共同努力的结晶。1844年，马克思和恩格斯分别在《德法年鉴》上发表的《〈黑格尔法哲学批判〉导言》和《政治经济学批判大纲》，标志着马克思和恩格斯已经彻底完成了从革命民主主义向共产主义、从唯心主义向辩证唯物主义的转变；1845年马克思和恩格斯出版《神圣家族》，1846年出版《德意志意识形态》，进一步为共产主义世界观奠定了哲学基础；1847年马克思的《哲学的贫困》，1848年马克思和恩格斯合作的《共产党宣言》，完整地、系统地阐述了共产主义世界观。以这个共同的世界观为基础，《反杜林论》的写作，从确定题目到制订写作计划，再到定稿，整个过程都是在马克思和恩格斯商量中完成的。他们共同确定批判的时机、共同编排批判的具体内容、共同实施批判的具体计划，最终共同取得了这场批判的胜利。因此，在这场批判的成果上，马克思和恩格斯在观点上才会有如此惊人的一致性。

修改的原因是基于该章是正面阐述马克

1848年2月21日，马克思和恩格斯在伦敦发表《共产党宣言》，第一次全面系统阐述了科学社会主义理论。图为由陈望道翻译的首个中文全译本《共产党宣言》封面　海峰／供图↑

思主义理论的核心章节，而与这章相关的一本单行本《社会主义从空想到科学的发展》在当时已经广为传播，因此，已经没有必要拘泥于原文修改的原则。况且此章并不涉及杜林本人的观点，所以对其进行的修改仍然是遵循文字论战所应遵守的一切规则的。从恩格斯对《反杜林论》修改的说明中，我们可以看到伟大的马克思主义者实事求是的态度、科学严谨的学风、坚定不移的立场和就事论事的胸怀。

再次，恩格斯说明了《反杜林论》的修改增补情况。恩格斯在第二版序言当中作出说明，再版的《反杜林论》除了第三编第二章《理论》之外，其余都按第一版翻印，均未进行修改。未修改的原因主要有三个：第一，1883 年 3 月 14 日马克思去世，当时恩格斯忙着编译马克思的遗稿，没有时间修订《反杜林论》。众所周知，《资本论》在马克

恩格斯亲笔题名签字的明信片和《社会主义从空想到科学的发展》等著作　中新图片 / 杜洋 ↑

思生前只出版了第一卷，其余各卷只写了草稿。因此，在马克思逝世后，整理和出版《资本论》其余各卷的任务，理所应当地完全落到了恩格斯的肩膀上。因此，正如恩格斯本人在《反杜林论》第二版序言中所言："我担负着编印马克思遗稿的责任，这比其他一切事情都远为重要。"第二，正如恩格斯本人在《反杜林论》的第二版序言当中所言："我的良心也不允许我作任何修改。本书是一部论战性的著作，我觉得，既然我的对手不能作什么修改，那我这方也理应不作什么修改。我只能要求有反驳杜林先生的答辩的权利。可是杜林先生针对我的论战所写的东西，我没有看过，而且如无特殊的必要，我也不想去看；我在理论上对他的清算已告结束。况且，杜林先生后来遭到柏林大学的卑劣的、不公正的对待，我对他更应当遵守文字论战的道义准则。"[1]《反杜林论》出版不久，杜林本人被剥夺了在柏林大学讲课的资格。所以，恩格斯认为杜林本人不能再修改什么了。所以，恩格斯认为自己的良心，也不允许自己做任何修改，尽管他仍然具有反驳杜林的权利。第三，恩格斯在第二版

生活书店 1946 年出版的恩格斯著作《家族私有财产及国家的起源》（中文版）封面　张庆民 / 供图 ↑

---

[1] 恩格斯:《反杜林论》，人民出版社 2015 年版，第 8 页。

序言中说明:"关于人类原始史,直到 1877 年,摩尔根才给我们提供了理解这一历史的钥匙。而在这之后,由于我有机会在自己的《家庭、私有制和国家的起源》(1884 年苏黎世版)一书中对这期间我所能获得的材料作了加工,所以这里只要指出这部较晚的著作就够了。"

恩格斯当时写《家庭、私有制和国家的起源》是为了从理论上彻底粉碎当时的社会主义工人党中的机会主义者们的地主资产阶级私有制观点及其国家观点。当时,跟机会主义斗争的中心问题,仍然是关于国家的问题,社会主义工人党的一些成员,对于地主资产阶级的国家抱有拥护的态度。机会主义者追随资产阶级之后为其涂脂抹粉。恩格斯坚决反对资产阶级机会主义的观点和立场。因此,恩格斯就以历史唯物主义观点研究了关于原始社会和上古历史的大量事实材料,主要包括摩尔根原始社会的材料、恩格斯自己的研究材料等,写成《家庭、私有制和国家的起源》一书。在书中,恩格斯详细地阐述了原始公社时期的社会特征、家庭的起源发展,以及私有制、阶级、国家产生、发展、灭亡的必然规律,深刻地揭露了资产阶级国家民主的虚伪性本质,进而,论证了共产主

人民出版社出版的恩格斯著作《家庭、私有制和国家的起源》书影↑

义必胜的可能性和必然性。以美国人类学家摩尔根在1877年出版的《古代社会》所提供的理解原始社会的历史关键的角度来看,《反杜林论》中讲述的以往的全部历史都是阶级斗争史,是不准确的,是应当作出修订的。但是,由于恩格斯的《家庭、私有制和国家的起源》一书吸取了摩尔根的新成果,所以,就没有必要重复修改了。尽管如此,严格来讲,恩格斯在再版《反杜林论》时,还是进行了修改,同时,交代了修改的原因和遵循的原则。修改的是《社会主义》编的《理论》章。

最后,恩格斯阐述了辩证唯物主义自然观与马克思主义哲学的关系。恩格斯就再版《反杜林论》中《理论》章的修改作出了具体说明。通过论述辩证唯物主义自然观的创立及其自然科学基础,恩格斯进一步论述了唯物辩证法对建立科学自然观的重要意义,号召无产阶级及科学家树立辩证唯物主义自然观,彻底摒弃形而上学的思维方法。17—18世纪,鉴于当时自然科学的发展状况,形而上学的自然观仍然笼罩和统治着自然科学领域。19世纪初,黑格尔开启了辩证法的大门,但是,他的辩证法很快被淹没在唯心主义的泥沼之中。黑格尔的辩证法只是"精神"的辩证发展,自然界是被排除在外的。因此,严格来讲,黑格尔的自然观并没有完全摆脱形而上学的束缚。

马克思和恩格斯扬弃了黑格尔的辩证法:剥去黑格尔辩证法的神秘外壳,吸收其合理的内核。正如恩格斯在第二版序言当中所说:"在自然界里,正是那些在历史上支配着似乎是偶然事变的辩证运动规律,也在无数错综复杂的变化中发生作用;这些规律也同样地贯串于人类思维的发展史中,它们逐渐被思维着的人所意识到。这些规律最初是由黑格尔全面地、不过是以神秘的形式阐发的，而剥去它们的神秘形式，并使人们清楚地意识到它们的全部的单纯性和普遍有效性，这是我们的期求之一。显然，旧的自然哲学，无论它包含多少真正好的东西和多少可以结果实的萌芽，是不能满足我们的需要的。"[1] 可是，确立辩证法的同时，要确立唯物主义的自然观和历史观，就必须具备数学和自然科学知识。因此，马克思和恩格斯花费巨大的精力研究各门自然科学。他们深知，辩证唯物主义的自然观建立在深厚的自然科学基础之上。

恩格斯首先概括了19世纪自然科学的最初成就，指出自然科学的许多新发现，诸如能量转化定律、生物进化论、细胞学说等，都从不同的方面揭示出自然过程的辩证性质。自然界中的一切事物无不处在永恒的运动变化之中，相互区别和相互对立的两极，在一定条件下可以实现相互转化，因而，矛盾只具有相对的意义。辩证唯物主义的自然观正是对这种客观规律的自觉反映。与此相反，那些绝对化、固化事物之间的区别、分类以及对立冲突的见解，不过是盲人摸象的结果。在实质上，违背了自然界的规律，在这一意义上，可以说，辩证唯物主义自然观的创立是自然观上的伟大变革。

自此以后，自然科学家运用手中的辩证法，自觉地研究事物的辩证性质，大大缩短了辩证认识自然的过程。综上所述，辩证唯物主义的自然观是马克思主义哲学的重要组成部分。马克思和恩格斯在批判吸取了黑格尔哲学的合理内核辩证法的同时，深入地研究了19世纪自然科学领域的巨大成就，尤其是生物进化论、能量守恒和转化定律、细胞学说三大自然科学的伟大成就，既创立了唯物史观，又建立了科学的自然观。不容否认，在马克思之前，旧哲学在

---

[1] 恩格斯：《反杜林论》，人民出版社2015年版，第10—11页。

自然观上有两个缺陷：第一，不论是唯物主义哲学还是唯心主义哲学，其自然观都是形而上学的，都是把自然界的一切看成是从来如此、永远如此、永恒不变的；第二，用主观虚构的辩证法代替自然界客观的辩证法。从恩格斯的第二版序言当中，我们认识到：哲学与自然科学是紧密相关的，现代自然科学的发展是马克思主义哲学的科学基础。与此同时，现代自然科学只有在马克思主义哲学的指导下，才能沿着正确的方向发展。在实际工作中，从事纯理论工作的，需要通过了解自然科学知识、关注自然科学的发展、熟悉自然科学的前沿成果，加深对马克思主义的理解；同时，搞自然科学的，想要在自己的研究工作当中取得较大的成果，就离不开马克思主义哲学。

三、第三版序言：
《反杜林论》的思想影响和新增补情况

第三版序言写于1894年5月23日。主要说明本书第三版的修订情况及原因，以及第二版至1894年的9年间，《反杜林论》以及马克思主义学说的影响。这版序言的中心思想是表达马克思主义不是一成不变、一劳永逸的真理，而是一个需要通过不断更新、不断完善来实现其在社会历史中的作用的追求真理的过程。

首先，恩格斯就《政治经济学》编第十章《〈批判史〉论述》的增补情况作出说明："这一新版，除了几处无足轻重的文字上的修改，都是照前一版翻印的。只有一章，即第二编第十章《〈批判史〉论述》，我作了重要的增补。"恩格斯指出，修改原因是该章原为马

克思所写，但是由于马克思所写的内容大大超出了批判杜林的范围，因此，在第一版出版时恩格斯将其删掉了。修改的原则是应该恢复原貌。恩格斯在第三版序言中进一步论述："正如第二版序言已经提到的，这一章所有重要的部分都是马克思写的。在原定作为报刊文章的初稿上，我不得不把马克思的手稿大加删节，而恰恰在删掉的部分里，他对经济学史的独立的阐述比起对杜林主张的批判要重要得多。这些阐述恰恰又是手稿当中甚至直到现在还具有重大意义和长远意义的部分。我认为，自己有责任把马克思说明配第、诺思、洛克、休谟等人在古典经济学产生过程中所应占的地位的那些部分，尽可能完全地并逐字逐句地发表出来；而他对魁奈的《经济表》所作的解释就更是如此了，这个表对整个现代经济学来说，仍然是不可解的斯芬克斯之谜。相反，凡是专门涉及杜林先生著作的地方，只要不影响上下文的联系，我都把它删掉了。"

弗朗索瓦·魁奈 文化传播／供图↑

其次，恩格斯对《反杜林论》当中"所主张的观点已经深入科学界和工人阶级的公众意识，而且是在世界上一切文明国家里"的马克思主义的传播和发展现状表示"十分满意"。要知道，巴黎公社失败后，在马克思和恩格斯的指导下，国际工人阶级打退了国际资产阶级的猖狂进攻。到了19世纪80年代，国际工人运动在世界范围内掀起新高潮，欧洲各国无产阶级基本上都建立了自己的政党，并利用各种机会团结和积聚无产阶级的革命力量，广泛地传播和发展马克思主义。1889年7月，国际社会主义者在恩格斯的帮助下，在巴黎召开代表大会，成立了第二国际。第二国际建立初期，积极进行反对无政府主义的斗争，极大地推动了国际工人运动的发展。可以说，这为19世纪90年代马克思主义在国际工人运动中获得胜利奠定了坚实的基础。随着马克思主义在世界范围内的广泛传播，马克思主义对世界无产阶级的指导意义日益凸显。对此，恩格斯较为欣慰。

最后，恩格斯第三次对《反杜林论》作出修订的行为本身，体现了马克思主义者对真理不懈追求的执着态度。

四、《引论》第一部分《概论》：科学社会主义的创立过程

《引论》由两章构成：《概论》和《杜林先生许下了什么诺言》。其中，《概论》为全书总论，论述马克思主义世界观的核心问题——科学社会主义学说产生的社会物质条件和思想条件以及主要内容（马克思主义理论体系的三个主要组成部分及其内在联系）。《杜林先生许下了什么诺言》的中心思想是揭露杜林所谓的终极真理的实质。

《概论》是《反杜林论》的总纲，共由二十个自然段构成。其中，第一至六段，介绍科学社会主义产生的社会物质根源和思想理论来源；第七至十四段，主要阐述唯物辩证法的创立为确立科学社会主义学说提供了唯物辩证的思维方法；第十五至二十段，论述马克思的两大发现——唯物史观和剩余价值学说创立的重大意义——使社会主义学说由空想变成了科学。《概论》的主要思想是梳理科学社会主义产生的历史，说明马克思主义基本理论三个重要组成部分及其之间的内在联系。《概论》主要介绍三个方面的内容：其一，介绍科学社会主义的理论来源；其二，阐述唯物辩证法的创立及意义；其三，论述社会主义从空想到科学的发展史。三个方面内容之间有着严密的逻辑关系，充分体现了逻辑和历史相统一的辩证思维方法。

　　就理论体系的现实基础而言，正如马克思所说："历史从哪里开始，思想进程也应当从哪里开始。"[1] 就理论体系的发展过程而言，"从最简单上升到复杂这个抽象思维的进程符合现实的历史过程"[2]。

　　需要指出的是，历史和逻辑的统一并不是机械的统一和绝对的统一，而是辩证的统一和相对的统一。因为，就历史本身而言：凡是历史，必然具体、生动而丰富，一方面包含个别、偶然的因素，另一方面也包含普遍、必然的因素；而就逻辑本身而言，凡是逻辑，必然抽象、呆板而概括，就如恩格斯所深刻指出的那样，逻辑"是经过修正的，然而是按照现实的历史过程本身的规律修正的"[3]。

---

[1]《马克思恩格斯选集》第 2 卷，人民出版社 1995 年版，第 43 页。
[2] 同上书，第 20 页。
[3] 同上书，第 43 页。

修正什么？修正历史中的个别的、偶然的因素。

第一，介绍科学社会主义的理论来源。恩格斯在《概论》中首先阐明了科学社会主义的理论来源，即19世纪空想社会主义者的代表人物：圣西门、傅立叶和欧文的空想社会主义理论。概而观之，现代社会主义，经历了一个从空想到科学的发展过程。它的最初形态是19世纪的空想社会主义，后来，才发展成为科学的社会主义。

空想社会主义的产生和发展，经历了一个漫长的历史过程。第一阶段，16世纪的产生阶段。英国的托马斯·莫尔和17世纪意大利的托马斯·康帕内拉是空想社会主义的创始人。1516年莫尔出版《乌托邦》，1623年康帕内拉出版《太阳城》，书中充分揭露了封建社会的黑暗和原始资本主义积累的罪恶，倡导建立没有私有财产、没有剥削的，人人共同劳动分配、安居乐业的理想社会。第二阶段，18世纪的发展阶段。法国的摩莱里和马布利明确提出空想共产主义理论。摩莱里在他的《自然法典》中，坚决主张消灭私有制，实行公有制，建立一个人人有工作的幸福理想社会；马布利在他的《论公民的权利和义务》等书中同样主张私有制是最不好的社会制度，倡导公有制来保障人类幸福。第三阶段，19世纪的成熟阶段。这一时期，出现了法国的圣西门、傅立叶和英国的欧文等空想社会主义思想家。他们的空想社会主义学说可谓是16世纪以来空想社会主义发展的最高阶段，19世纪的空想社会主义是在资本主义的基础上产生的，因而，其思想有着更多的合理因素。

但是，不容否认的是，一切的空想社会主义都有着共同的特点，主要包括三个方面：其一，空想社会主义拒绝承认自己是无产阶级利益的代表，认为自己是全人类利益的代表。因而，实现社会主义依靠的力量自然不是无产阶级的武装斗争，而是靠发掘统治者的同

> **知识链接**
>
> ### 现代社会主义
>
> 现代社会主义，指的是在资本主义基础上产生的社会主义。既包括科学社会主义，又包括19世纪的空想社会主义。而19世纪空想社会主义的理论来源，是18世纪法国启蒙思想的理论。因此，可以说，现代社会主义指的是19世纪空想社会主义到科学社会主义的发展过程。18世纪以前的空想社会主义是封建社会末、资本主义社会初产生的。主要代表人物有托马斯·莫尔、康帕内拉、培根、梅叶、摩里斯、马布里和巴贝夫，等等。19世纪的空想社会主义产生于资本主义社会。代表人物有圣西门、傅立叶和欧文。总之，由于资本主义社会发展不够成熟，无产阶级斗争尚未充分发展，因此，19世纪空想社会主义者的思想是不成熟的、不科学的和不彻底的。直到资本主义社会发展到相对成熟的时候，马克思和恩格斯才完成了社会主义思想从空想到科学的转变。

情心来说服统治阶级。其二，空想社会主义者最为理想的社会制度就是要建立一个最理性的、永恒正义的王国。在这一点上，空想社会主义者与18世纪法国的启蒙学者相同，不同的是，空想社会主义者要建立的理性王国较之启蒙学者的理性王国更为彻底。其三，

空想社会主义者总是用唯心史观来考察社会发展。他们认为社会主义不是经济发展的必然产物，而是伟大人物头脑的偶然产物。

当然，空想社会主义的产生有一定的经济根源和思想来源。就其内容而言，它是资本主义社会中无产阶级和资产阶级之间矛盾的客观反映，是资本主义生产无政府状态的必然结果。但是，当资本主义的生产还不足够发达，无产阶级和资产阶级的矛盾还未充分激化。空想社会主义者，只好求助于理性来构建自己的学说，在头脑中凭空构思新社会的轮廓。所以，他们的社会主义学说的理论基础仍然是理性和天性，而不是社会现实。这就是他们始终找不到实现社会主义的中坚社会力量和科学道路，他们的学说只能

水彩画：19世纪苏格兰格拉斯哥新拉纳克学校的少年舞蹈班。新拉纳克是英国空想社会主义者欧文创办的乌托邦式村镇　文化传播／供图↑

是脱离实际的空想的主要原因。

　　由于空想社会主义学说本身的局限性。一方面，它是绝对真理、理性和正义的表现；另一方面，又在不同派别的学说中表现各异。绝对与相对的冲突情况时有发生，为了解决这种冲突，只好采取互相折中，求同存异，结果便是一个折中主义的、不伦不类的社会主义。而这种折中的、不伦不类的社会主义的出现，标志着空想社会主义已经很难自洽了。不容否认，空想社会主义在产生之时确有进步意义，但是，随着历史发展到科学社会主义产生之时，空想社会主义便日益成为工人运动的障碍。科学社会主义产生之后，空想社会主义更是不适合时代的发展了。

　　19世纪40年代，无产阶级和资产阶级的斗争已经进一步发

知识链接

折中的社会主义

　　折中的社会主义，是产生于19世纪30年代至40年代的英国和法国的社会主义理论派别。由于其将先前各种社会主义理论，以简洁明了的表述方式，融会贯通地加以表达，深受工人阶级的喜爱，因而广为传播。恩格斯指出，由于这种理论仅仅是混合了各种空想社会主义理论，无论其形式如何，本质上仍然是空想的，因而是不科学的。

展，新的斗争形势迫切需要建立新的、科学的社会主义理论。如何认识社会主义？怎样建立社会主义？成为马克思主义者密切关注的课题。就如何认识社会主义，恩格斯在《概论》中提供了两条基本方法：一是从已有的思想材料出发；二是从经济事实中挖掘根源。恩格斯的方法既坚持了社会存在决定社会意识的唯物论，又体现了社会意识的相对独立性。社会意识历史继承的前提是已有的思想材料，却是社会经济发展的客观需要。离开这一点，历史继承性就是保守的。

就怎样建立社会主义，恩格斯在《概论》中指出："为了使社会主义变为科学，就必须首先把它置于现实的基础之上。"就是说必须用唯物史观代替唯心史观，用科学社会主义代替空想社会主义，用资本主义经济关系和基本矛盾代替纯粹的理性和天性。

总而言之，现代社会主义的发展，是从空想到科学的进程，这个进程是社会经济发展的客观需要。因此，科学的社会主义理论必然建立在全面考察资本主义生产方式基本矛盾的基础上，这是科学社会主义产生的物质经济根源以及社会历史根源。在这一意义上，可以推出科学社会主义的内容就是反映资本主义生产方式的基本矛盾，考察这个基本矛盾在生产和阶级关系上的表现，也就是说，在资本主义社会中，生产资料的私有制和生产的社会化之间的矛盾必然表现为无产阶级和资产阶级的阶级对立和斗争。无产阶级登上历史舞台是科学社会主义产生的阶级基础；生产的社会化为科学社会主义的产生准备了物质基础。生产的无政府状态是资本主义的基本矛盾，后果就是经济危机的不断爆发，无产者更加贫困，无产者与资产阶级之间的矛盾更加尖锐。因而，只有进行无产阶级革命，推翻资产阶级，无产阶级的利益才能最终实现。

第二，阐述唯物辩证法的创立及意义。在《概论》中，恩格斯通过系统地考察人类认识的发展史，论述了唯物辩证法的形成及其重大意义。社会主义想要从空想变成科学，有赖于唯物史观的创立，而要创立唯物史观，离不开唯物辩证法在社会历史领域的应用。

可见，科学社会主义的产生要以哲学思想的革命为基础。恩格斯曾指出，空想社会主义想要成为科学社会主义，必须要置于现实的基础上，而想使社会主义以现实为基础，首先要转变其世界观。因为空想社会主义者之所以没有立足于现实，根本原因就在于他们的世界观是历史唯心主义的，是离开社会现实、离开资本主义社会，形而上学地认识社会历史。因此，克服唯心论和形而上学是空想社会主义转变为科学社会主义的关键。恩格斯在其《社会主义从空想到科学的发展》德文第一版的序言中曾明确指出："科学社会主义本质上就是德国的产物，而且也只能产生在古典哲学还生气勃勃地保存着自觉的辩证法传统的国家，即在德国。唯物主义历史观及其在现代的无产阶级和资产阶级之间的阶级斗争上的特别应用，只有借助于辩证法才有可能。"[1]

可见，唯物辩证法的创立是科学社会主义产生的哲学基础，正因为形而上学的思维方法阻碍了人们从现实及其发展中、从旧的到新的变动转化中了解现实，而辩证法却恰恰能够弥补这一点。因此，辩证法是正确认识和分析人类社会及其发展规律的基础。也正因如此，恩格斯才在《概论》中，用了较大篇幅论述唯物辩证法的创立及意义。

恩格斯是通过比较形而上学的世界观与唯物辩证的世界观两种

---

[1]《马克思恩格斯选集》第3卷，人民出版社1995年版，第691—692页。

截然不同的世界观来实现他对唯物辩证法及其意义的论述的。这种论证的优势在于，可以从直观上论证唯物辩证法的产生不是凭空臆想的，而是辩证法同形而上学的长期斗争的必然产物。

辩证思想最早产生于古代时期。古时候朴素的辩证思想认为世界上没有任何事物是不动的和不变的。一切都在运动和变化之中产生和消失。尽管这种朴素的辩证法正确地把握了世界整体的一般性质，却不足以说明构成世界整体的各个细节。而我们要是不知道这些细节，就无法真正认识世界整体。恩格斯在《概论》中，既肯定了古代辩证法的正确方向，又指出了它存在的缺陷。他以赫拉克利特为例，指出："一切都存在而又不存在，因为一切都在流动，都在不断地变化，不断地生成和消逝。但是，这种观点虽然正确地把握了现象的总画面的一般性质，却不足以说明构成这幅总画面的各个细节；而我们要是不知道这些细节，就看不清总画面。为了认识这些细节，我们不得不把它们从自然的或历史的联系中抽出来，从它们的特性、它们的特殊的原因和结果等等方面来分别加以研究。"[1] 赫拉克利特认为世界就是永远在燃烧着又熄灭着的火，他指出世界运动变化的原因是矛盾的存在，但是，总体来说，世界是怎样运动的，怎样发展变化的，他没有给出清楚的解释。因此，古代的辩证思想是适应当时的社会历史条件和科学发展水平的产物。毛泽东对古代朴素的辩证思想的特点有很到位的概括："古代的辩证法带着自发的朴素的性质，根据当时的社会历史条件，还不可能有完备的理论，因而不能完全解释宇宙，后来就被形而上学所代替。"[2]

---

[1] 恩格斯：《反杜林论》，人民出版社2015年版，第19页。
[2] 《毛泽东选集》第一卷，人民出版社1991年版，第303页。

古代辩证思想的弱点，决定了它被形而上学取代的必然性。

严格意义上的自然科学知识研究是从15世纪下半叶才开始的。尽管早在公元前3世纪到公元7世纪的亚历山大里亚时期，希腊人已经进行过精确的自然研究，也取得了诸如欧几里得的几何学、阿基米德的流体静力学等成就，但是，漫长的中世纪，都在遏制自然科学的发展。在当时，只要自然科学触犯了神学教条，科学家就会遭到残酷的镇压。宗教裁判所严重阻碍了自然科学的发展。恩格斯指出："精确的自然研究只是在亚历山大里亚时期的希腊人那里才开始，而后来在中世纪由阿拉伯人继续发展下去。"[1] 尽管阿拉伯人在数学、天文学、医学等方面取得了重要成就，可是，真正的自然科学知识肇始于15世纪下半叶的哥白尼的太阳中心说。笛卡儿的解析几何、牛顿和莱布尼茨的微积分、牛顿的万有引力定律、开普勒定律，以及林奈的动植

太阳中心说的创始人哥白尼　FOTOE/ 供图↑

---

[1] 恩格斯:《反杜林论》，人民出版社2015年版，第20页。

物分类等，都是这一时期的重要成就。

当时，自然科学之所以能够取得巨大的成就，与其采用了特殊的方法密不可分。科学家们抛弃了先前自然科学研究中主观臆造的研究方法，采用了分门别类的研究方法。这种方法把观察对象从自然现象的总联系中抽取出来，进行分门别类，然后，进行推论和概括，最后，得出普遍的自然规律。正如恩格斯在《概论》中所指出的："这是最近400年来在认识自然界方面获得巨大进展的基本条件。"但是，这种方法也给科学界留下了一种不好的习惯，那就是孤立、静止和片面地认识问题。更糟糕的是，英国哲学家培根、洛克等将这种研究自然科学的方法，搬到哲学研究中，并将其绝对化。也就是说，不再仅仅把它看作适用于自然科学早期研究的一种特殊方法，而是把它上升为适用于各个领域的一种普遍方法，一种世界观。于是，造成了恩格斯在《概论》中所描述的："把各种自然物和自然过程孤立起来，撇开宏大的总的联系去进行考察，因此，就不是从运动的状态，而是从静止的状态去考察；不是把它们看做本质上变化的东西，而是看做固定不变的东西；不是从活的状态，而是从死的状态去考察。这种考察方式被培根和洛克从自然科学中移植到哲学中以后，就造成了最近几个世纪所特有的局限性，即形而上学的思维方式。"

形而上学的思维方式作为一种常识，尚有其可取之处，但是，却不应成为科学研究的方法。当对事物进行较精确的考察时，得出的结论是：一切事物都处在永恒的变化和发展当中，任何的矛盾双方都是相对的，生与死、正与负、原因与结果等，总能在一定条件下，相互依存、相互渗透，并且相互转化。自然科学中越来越多的新发现再一次证明了自然界的一切归根到底是辩证的，而不是形而上学的。恩格斯在《概论》中列举了不少例子，尤其是19世纪自然科学的三大发现——细胞学说、能量守恒和转化定律、达尔文的生物进化论，说明自然界的一切都是相互联系和运动变化的，是辩证地产生和发展的。所以，正如恩格斯在《概论》中的总结："要精确地描绘宇宙、宇宙的发展和人类的发展，以及这种发展在人们头脑中的反映，就只有用辩证的方法。"辩证法取代形而上学是迟早的事。

恩格斯在《概论》中详细叙述了辩证法取代形而上学的过程。

第一阶段，是18世纪末至19世纪初德国古典哲学在辩证法研究上的高度发展。这一点，要归功于德国古典哲学家康德和黑格尔，而后者尤甚。恩格斯认为是黑格尔第一次自觉地叙述了这种辩证法的一般形式："把整个自然的、历史的和精神的世界描写为一个过程，即把它描写为处在不断的运动、变化、转变和发展中，并企图揭示这种运动和发展的内在联系。"可惜的是，就黑格尔的辩证法而言，"一方面，它以历史的观点作为基本前提，即把人类的历史看做一个发展过程，这个过程按其本性来说在认识上是不能由于所谓绝对真理的发现而结束的；但是另一方面，它又硬说它自己就是这种绝对真理的化身"。按照黑格尔的辩证观点，人类历史不是偶然现象的堆积、暴力行为的结果，相反，有它自身的规律可循。而思维的任务就在于透过偶然的现象，去揭示历史过程的内在规律。但是，黑格尔并没有彻底地完成这一任务。究其原因，除了当时的社会历史条件的限制，主要原因还是在于黑格尔本人的唯心主义思想。在他看来，辩证运动的主体不是客观存在的物质，而是一种神秘的"绝对精神"。这就决定了他的辩证法不可能是彻底的，也就决定了他的辩证法自身的矛盾。一方面，把人类历史和认识看作永无止境的过程;另一方面又宣称普鲁士王国就是人类历史的终点。可悲的是,这个矛盾自身是不可克服的。

第二阶段,马克思和恩格斯"是唯一把自觉的辩证法从德国唯心主义哲学中拯救出来并运用于唯物主义的自然观和历史观的人"[1]。

恩格斯在《概论》中进一步指出:"一旦了解到以往的德国唯心主义是完全荒谬的,那就必然导致唯物主义,但是要注意,并不是导致18世纪的纯粹形而上学的、完全机械的唯物主义。同那种以天真的革命精神简单地抛弃以往的全部历史的做法相反,现代唯物主义把历史看做人类的发展过程,而它的任务就在于发现这个过程的运动规律。"19世纪40年代,马克思和恩格斯在总结国际工人运动的经验的基础上,综合人类认识史的积极成果,批判吸收了黑格尔哲学中辩证法的合理内核,把辩证法和唯物主义结合起来,创立了唯物辩证法。只有唯物的辩证法,才是科学的辩证法;只有辩证的唯物主义,才是彻底的唯物主义。唯物主义辩证法的产生,把唯物主义和辩证法都推向了一个崭新的阶段;辩证法也终于在与形而上学的斗争中,在经历了古代朴素的辩证思想、唯心主义的辩证法、唯物主义的辩证法三个发展阶段之后,实现了人类认识史上的伟大革命;为科学社会主义提供了强大的思想武器。

作为无产阶级的思想体系,马克思主义唯物辩证法在人类历史的发展中必然取代唯心论和形而上学。但是,唯物辩证法和形而上学两种世界观的斗争并未因唯物辩证法的创立而终止。唯物辩证法同唯心论和形而上学的斗争还会持续下去。同样,在斗争中马克思主义唯物辩证法也会继续向前发展。

---

[1] 恩格斯:《反杜林论》,人民出版社2015年版,第9页。

第三，论述唯物史观和剩余价值学说。

恩格斯在论述了科学社会主义的理论来源、叙述了唯物辩证法的产生和发展之后，进一步阐明唯物史观和剩余价值学说的创立，最终使社会主义从空想变成了科学，这是《概论》的第三部分内容。

在《概论》中恩格斯首先介绍了历史唯物主义产生的社会历史条件："1831年在里昂发生了第一次工人起义；在1838—1842年，第一次全国性的工人运动，即英国宪章派的运动，达到了高潮。无产阶级和资产阶级之间的阶级斗争一方面随着大工业的发展，另一方面随着资产阶级新近取得的政治统治的发展，在欧洲最先进的国家的历史中升到了重要地位。事实日益令人信服地证

19世纪30—40年代，欧洲各主要资本主义国家相继爆发经济危机。法国、英国、德国接连爆发了工人阶级反对资本主义制度的斗争。图为1842年英国宪章派举行游行示威　海峰/供图

明，资产阶级经济学关于资本和劳动的利益一致、关于自由竞争必将带来普遍和谐和人民的普遍福利的学说完全是撒谎。"阶级斗争的事实日益清楚地表明资产阶级经济学中关于资本和劳动"利益一致"的说法纯粹是在撒谎，是哄骗无产阶级的工具，因而，必须彻底抛弃。在这种社会历史条件下，适应无产阶级革命斗争的需要，马克思和恩格斯运用辩证唯物主义研究社会历史问题，揭示人类社会的发展规律，创立了历史唯物主义。

恩格斯在《概论》中阐明了历史唯物主义的基本原理："新的事实迫使人们对以往的全部历史作一番新的研究，结果发现：以往的全部历史，都是阶级斗争的历史；这些互相斗争的社会阶级在任何时候都是生产关系和交换关系的产物，一句话，都是自己时代的经济关系的产物；因而每一时代的社会经济结构形成现实基础，每一个历史时期的由法的设施和政治设施以及宗教的、哲学的和其他的观念形式所构成的全部上层建筑，归根到底都应由这个基础来说明。"在此，恩格斯概括地说明了历史唯物主义基本思想的三层含义：其一，以往的全部历史都是阶级斗争的历史；其二，阶级和阶级斗争是自己时代经济关系的产物；其三，社会经济基础决定社会上层建筑。恩格斯就是这样通过社会存在说明了社会意识，创立了唯物史观。毛泽东在其《实践论》中对历史唯物主义的产生作出过非常深刻的论述："在很长的历史时期内，大家对于社会的历史只能限于片面的了解，这一方面是由于剥削阶级的偏见经常歪曲社会的历史，另方面，则由于生产规模的狭小，限制了人们的眼界。人们能够对于社会历史的发展作全面的历史的了解，把对于社会的认识变成了科学，这只是到了伴随巨大生产力——大工业而出现近代无产阶级的时候,这就是马克思主义的科学。"[1]

继历史唯物主义创立之后,马克思和恩格斯立刻把辩证唯物主义和历史唯物主义结合起来,分析资本主义社会的生产方式,创立了剩余价值学说。剩余价值学说揭露出雇佣工人出卖自己的劳动力给占有土地、工厂和劳动工具的人。工人只用一部分工作时间,作为维持自己和家庭生活的必要开支。而剩余部分的工作时间,完全是无报酬地为资本家创造剩余价值,这就是剩余利润的来源。按照剩余价值学说,随着资本主义的发展,资产阶级占有的剩余价值会越来越多,资产阶级的财富会不断积累,而无产阶级将会日益贫困。贫富差距加剧无产阶级和资产阶级之间的矛盾,而矛盾的最终激化必然导致无产阶级革命和无产阶级专政,即通过无产阶级专政消灭资本主义,实现社会主义和共产主义。剩余价值学说证明资产阶级和无产阶级的关系是一种剥削和被剥削的关系,它们的矛盾是对抗性的,也是不可调和的。想要解决这个矛盾,必须通过革命,打破资本主义生产方式。同时,剩余价值学说还指出无产阶级是新的生产方式的代表,是埋葬资本主义社会和创立社会主义社会的中坚力量。正因如此,社会主义也已经不再是某个天才头脑的偶然发现,而成为无产阶级和资产阶级之间阶级斗争的必然产物。

到此为止,马克思主义的三个组成部分:科学社会主义、辩证唯物主义和历史唯物主义、马克思主义政治经济学已经全部登场。不难看出,这三个组成部分之间有着非常紧密和有机的联系,堪称一个完整的科学体系。在这个体系中,科学社会主义是马克思主义的灵魂与核心;辩证唯物主义和历史唯物主义是马克思主义的理论

---

[1]《毛泽东选集》第一卷,人民出版社 1991 年版,第 283—284 页。

基础；而政治经济学则是马克思主义的主要内容。

恩格斯在论述了唯物史观产生的历史条件、阐明唯物史观的基本原理、运用辩证法和唯物史观分析资本主义社会，创立剩余价值学说之后，进而，论述了唯物史观和剩余价值学说创立的伟大意义，论述了马克思主义的伟大意义。唯物史观用人们的社会存在说明人们的社会意识；用物质资料生产来说明社会历史的存在和发展；用经济基础说明上层建筑；用经济关系说明阶级和阶级斗争……归根结底，用人类本身的历史活动，来说明历史本身。总之，唯物史观对人类历史的看法是唯物主义的。剩余价值学说则在唯物史观的指导下，具体阐明了资本主义生产方式的基本矛盾，揭示资本主义社会产生、发展和灭亡的基本规律，论证社会主义必将代替资本主义的历史规律，指明无产阶级的历史使命，以及指出无产阶级实现社会

反映19世纪英国煤矿内童工劳作场景的版画，深刻揭露了资本家对劳苦大众的压榨和剥削　文化传播/供图↑

主义革命的具体道路和途径，使科学社会主义建立在马克思主义的科学理论的基础之上。

马克思主义运用辩证唯物主义研究人类社会历史，实现了人类历史观的伟大变革，创立了历史唯物主义；运用辩证唯物主义和历史唯物主义研究资本主义社会的生产方式，产生了马克思主义政治经济学；通过剩余价值揭露资本主义剥削的秘密，揭露资本主义社会的发展规律，得出资本主义必然灭亡和社会主义必然胜利的结论。在整个过程中，马克思和恩格斯亲历革命实践，钻研自然科学、历史材料，总结工人阶级斗争经验，概括自然科学全部成果，综合前人的成果，以此为基础，创立了科学完整的科学社会主义思想。也正因如此，恩格斯才在《概论》的结尾部分着重指出："现在首先要做的是对这门科学的一切细节和联系作进一步的探讨。"[1] 科学社会主义不可动摇地拔地而起，是否意味着真理的终结呢？恰恰相反，恩格斯对马克思主义者提出了一个进一步的要求，那就是，毫不动摇地坚持科学社会主义的方向，与此同时，对这门科学的细节和联系作进一步的探讨，并且将这一理论运用到实践当中，在具体的社会实践中，为丰富科学的社会主义理论而奋斗。正像列宁深刻指出的那样："马克思的哲学是完备的哲学唯物主义，它把伟大的认识工具给了人类，特别是给了工人阶级。"[2]

---

[1] 恩格斯：《反杜林论》，人民出版社 2015 年版，第 27 页。
[2] 《列宁全集》第 23 卷，人民出版社 2017 年版，第 45 页。

五、《引论》第二部分《杜林先生许下了什么诺言》：批判了杜林及其理论体系

作为《引论》的第二部分，《杜林先生许下了什么诺言》的中心思想是揭露杜林以"终极真理"创造者自居的事实。共由三十三个自然段构成。其中第一至十四段，主要介绍杜林所谓的最后的、终极的真理的内容；第十五至二十一段，则主要介绍杜林对莱布尼茨、康德、费希特、谢林、黑格尔等德国古典哲学家，以及英国进化论创始人达尔文的轻蔑态度；第二十二至三十三段，主要讲杜林对19世纪初三大空想社会主义者圣西门、傅立叶、欧文，特别是对拉萨尔和马克思等人的歪曲和谩骂。此章的论述，恩格斯采用的主要方法是从杜林的著作中摘录相关的言论，目的在于揭露杜林抬高自己、打压别人的荒谬本性。

第一，恩格斯揭露了杜林吹牛皮的本质。杜林吹牛他在哲学、政治经济学和社会主义理论方面都进行了彻底变革，创造了奇迹。在这个过程当中，杜林接连出版了三部著作：1871年出版《国民经济学和社会主义批判史》，集中攻击马克思的《资本论》；1873年出版《国民经济学和社会经济学教程》、1875年出版《哲学教程》，集中攻击马克思的经济思想，尤其是剩余价值学说。在哲学上，杜林自我吹嘘他的理论是哲学史上唯一真正的哲学家所确立的"最后的终极的真理""完全独特的结论和观点""最有价值、最有思想深度""一种根底深厚的科学"；在政治经济学上，杜林自我吹嘘是"具有伟大风格的历史记述"；在经济学上，杜林说自己是"创造性的转变"；在社会主义理论上，杜林宣称制定好了未来社会的社会主

义规划,"一种真正的所有能够取代纯属虚幻的、暂时的或基于暴力的所有制"。

杜林的这些吹嘘,正如恩格斯在《杜林先生许下了什么诺言》中所指出的:"杜林先生献给杜林先生的这束颂词之花,可以很容易地增大十倍。这束花现在已经足以使读者产生某些怀疑:他们是否真的在同一个哲学家打交道,还是同……打交道,但是我们不得不请求读者在没有更详细地了解上述的深厚根底以前,暂时不要作出自己的判断。我们捧出上面的这束花也只是为了指明,我们面对的不是一位直截了当地说出自己的思想并让往后的发展来判定其价值的寻常的哲学家和社会主义者,而是一个非同寻常的人,他声称自己是和教皇一样没有谬误的,如果人们不愿意受最可恶的异端邪说的迷惑,那就只好干脆接受他的唯一能救世的学说。"[1] 然而,当时的德国与欧洲许多国家一样,社会主义者们大都怀着最诚恳的态度研究社会主义及其相关问题。尽管缺少资料,在科学和文字上

在《反杜林论》中,恩格斯有力驳斥了杜林对达尔文进化论的攻击。图为达尔文　文化传播/供图↑

---

[1] 恩格斯:《反杜林论》,人民出版社2015年版,第29页。

还不可避免地存在这样那样的缺陷,但是,杜林却直截了当地宣布,他不仅拥有最后的终极的真理的那些原则,而且拥有唯一科学的研究方法。并且,杜林原则之外的任何意见都是错误的、不科学的。正如列宁指出的那样:"在市场上常有这样一种情况:喊得最凶、发誓最狠的人,正是希望把最坏的货物推销出去的人。"[1]

第二,恩格斯批判杜林目中无人的狂妄自大。在《杜林先生许下了什么诺言》中恩格斯首先列举了杜林对哲学家的诬蔑:"'缺乏任何良好信念的莱布尼茨,一切哲学侍臣中的这个佼佼者'。康德还被勉强容忍;康德以后就一团糟了:出现了'紧跟其后的模仿者,也就是一个叫做费希特和一个叫做谢林的人的谬论和既轻率又无聊的蠢话……愚昧的自然哲学奇谈的古怪漫画……康德以后的怪现象',以及由'一个叫做黑格尔的人'总其成的'热昏的胡话'。此人满口'黑格尔行话',利用自己的'甚至在形式上也不科学的手法'和自己的'粗制品'来传播'黑格尔瘟疫'。"[2] 接着,是自然科学家:"达尔文主义的半诗和变态术,连同其粗陋褊狭的理解力和迟钝的辨别力……据我们的意见,独特的达尔文主义——自然要把拉马克的学说从中排除——只是一种与人性对抗的兽性。"当然,社会主义者也难逃此劫。19 世纪三个影响最大的空想社会主义者被称为"社会炼金术士",傅立叶"暴露了神经错乱的一切因素……过去只能到疯人院里去找的观念……最荒唐的梦幻……神经错乱的产物……笨得无法形容的傅立叶"。最后是马克思,"理解力褊狭……他的著作和成就,从本身来看,即从纯理论的角度来看,对我们的

---

[1] 《列宁全集》第 25 卷,人民出版社 2017 年版,第 159 页。
[2] 恩格斯:《反杜林论》,人民出版社 2015 年版,第 30 页。

领域〈社会主义批判史〉没有长远意义,而对思潮的一般历史来说最多只能看做近代宗派经院哲学中一个支脉的影响的象征……集中化和系统化的能力的薄弱……思想和文体的不成体统,语言上的下流习气……英国化的虚荣心……欺骗……混乱的观念,它们实际上只是历史幻想和逻辑幻想的杂种……迷惑人的辞令……个人的虚荣心……卑劣的手法……无礼的……舞文弄墨的笨蛋和蠢货……中国人式的博学……哲学和科学上的落后"。

总之,杜林是通过诬蔑、打压别人的方式来抬高自己的,他是通过把历史上的伟大人物骂得一无是处、全盘否定人类历史而肯定自己的。由此可见,杜林先生究竟向我们承诺了什么呢?承诺了承诺。一切都在承诺之中发生,一切又在承诺之中灭亡。最终留下的不过是杜林是个吹牛大王这个恩格斯给杜林的最后结论。

第三章 《反杜林论》第一编《哲学》的内容与结构

辩证唯物主义认为外部世界、认识对象不产生于原则和认识,恰恰相反,原则产生于外部世界、认识对象。当然,辩证唯物主义承认原则、认识的产生,离不开人脑的思维活动。

习近平总书记指出："哲学社会科学是人们认识世界、改造世界的重要工具，是推动历史发展和社会进步的重要力量，其发展水平反映了一个民族的思维能力、精神品格、文明素质，体现了一个国家的综合国力和国际竞争力。一个国家的发展水平，既取决于自然科学发展水平，也取决于哲学社会科学发展水平。"[1] 哲学是世界观和方法论，是我们认识世界和改造世界的基础。恩格斯认识到，杜林的社会主义理论是建立在其哲学体系的基础上的。因此，恩格斯对杜林社会主义理论的批判，始于对杜林哲学体系的批判。在第一编《哲学》中，恩格斯对杜林哲学的批判是全方位的，但总体而言，可以概括为三个部分：一是对杜林世界模式论的批判；二是对杜林自然哲学的批判；三是对杜林关于人的学说的批判。也正是这三个部分构成了杜林哲学的基本内容。正如杜林自己所指出的那样："在这个序列中，同时也包含某种内在的逻辑次序，因为适用于一切存在的那些形式的原则走在前面，而运用这些原则的对象性领域则按其从属次序跟在后面。"[2]

杜林运用抽象的原则概念勾画出他的世界模式，形成他的哲学总论。然后，便用世界模式往自然界上生搬硬套成自然哲学。最后，运用到人类社会上，形成他的

---

[1] 习近平：《在哲学社会科学工作座谈会上的讲话》，《人民日报》2016年5月19日。

[2] 恩格斯：《反杜林论》，人民出版社2015年版，第34页。

关于人的学说。恩格斯以杜林哲学自身的体系为基础，以马克思主义哲学为基本原则对杜林哲学进行批判，有力地驳斥了杜林哲学的世界模式论、自然哲学、关于人的学说以及形而上学，并在此基础上，系统阐明了辩证唯物主义的自然观、认识论、辩证法和历史观。正如列宁所说："恩格斯同杜林的全部斗争始终是在彻底贯彻唯物主义这个口号下进行的。""在《反杜林论》的每一节中都是这样提出问题的：不是彻底的唯物主义，就是哲学唯心主义的谎言和糊涂观点。"[1]

需要指出的是恩格斯对杜林哲学世界观的批判，并不是批判杜林的首要任务，其实质任务在于将德国工人阶级的思想完全统一到马克思主义的立场和原则上来。

一、从唯心主义先验论到唯物主义反映论

《分类。先验主义》章的主要内容是批判和揭露杜林的先验主义。标题中的句号，表示这是两个独立的问题。"分类"是逻辑学的方法；"先验主义"则是哲学概念。恩格斯之所以将两个独立的问题放在一起，显然是为了说明二者之间的关系。

"先验主义"，又称先验论，是认识论的一种形式。叶秀山先生曾对康德的先验概念（transcendental）和传统的先验概念（transcendent）进行比较："后者就是'超出经验之外'的意思，前者为'虽然不依赖经验但还是在经验之内'的意思。"标题中的"先

---

[1]《列宁全集》第18卷，人民出版社2017年版，第354页。

验主义"，应是康德哲学的学术术语。在康德那里，观点、时间、空间、因果性、必然性等范畴，不是客观事物的特性、过程在人们头脑中的反映，而是先验的，即先于经验的存在。这是一切经验和认识条件或原则，人们把这些范畴赋予自然界而后使自然界具有时间、空间等特性。先验主义就是建立在先验的认识原则基础上的哲学。"原则在前"出发来构造哲学体系的唯心主义错误，进而，论述唯物主义的反映论与唯心主义先验论两条认识路线的根本对立，最后，阐明辩证唯物主义关于原则与外部世界的辩证关系的基本原理。此章由二十一个自然段构成。其中，第一至九段，主要通过批判杜林的唯心主义先验论阐明辩证唯物主义的反映论；第十至十一段，通过批判杜林形而上学的辩证法论述人类认识过程的辩证法；第十二至二十一段，是在通过批判杜林在数学上的先验主义观点的基础上，论述思维与世界的辩证关系，以及意识的相对独立性等相关问题。

推而论之，这种不从自然界本身出发去认识自然界，而是从自然界的概念出发进行逻辑推演，并用这些概念衡量自然界，使自然界与概念相符合的方法，就是先验主义的方法。"分类"，就是杜林对哲学研究对象的分类。"先验主义"是恩格斯对杜林哲学本质的揭示。

第一，恩格斯通过批判杜林的唯心主义先验论，论述唯物主义反映论。列宁明确指出："从物到感觉和思想呢，还是从思想和感觉到物？"[1] 这是区分唯物主义和唯心主义两大哲学派别的根本原则。凡是承认思维和意识是物质的反映，是人脑的产物的观点，都

---

[1]《列宁全集》第18卷，人民出版社2017年版，第35页。

属于唯物主义；而否认这一观点的，则属于唯心主义。由于不能认识思想、感觉和物之间的关系，杜林把思想、感觉，同物绝对对立起来，因而，不可避免地陷入唯心主义。基于此，杜林在头脑中制造出一个纯思维的外部世界存在形式的基本原则——世界模式论，然后，把这个原则应用到自然和社会，要求后者符合前者。在杜林那里，现实世界是由某种预先的、永久的存在模式构造而成的。

恩格斯指出，杜林颠倒了原则和外部世界、认识和认识对象之间的关系。从辩证唯物主义基本原理出发，批判杜林的唯心主义观点。恩格斯开门见山地指出，辩证唯物主义认为外部世界、认识对象不产生于原则和认识，恰恰相反，原则产生于外部世界、认识对象。当然，辩证唯物主义承认原则、认识的产生，离不开人脑的思维活动。但是，人脑的思维活动，必须以外部世界、认识对象为基础，否则，人的认识就是无本之木；原则就是无源之水。辩证唯物主义强调的是，原则和认识只有同外部世界、认识对象相符合，才是科学的，才能成为我们实践的理论指导。

在该章的开头，恩格斯几乎逐字逐句地转引了杜林《哲学教程》一书的《导言》中的哲学定义。在杜林看来，哲学是世界意识和生活意识的最高形式（世界意识指科学知识，也即世界观；生活意识指关于人类生活本身的认识，也即人生观），杜林认为只有哲学可以研究存在，并决定存在的价值，所以，哲学是意识发展的最高形式。那么，研究关于世界观和人生观的哲学，应包括所有形式的原则，因为正是这些哲学原则，各种科学才得以成为阐明自然界和人类生活的统一体系。而在杜林那里，这些原则就是指向数学中公理一类的东西。由此可见，杜林不是把客观世界及其规律作为哲学研究的出发点，而是把所谓的原则当作哲学研究的对象。

恩格斯对此逐一进行了深刻的批判，他指出："原则不是研究的出发点，而是它的最终结果；这些原则不是被应用于自然界和人类历史，而是从它们中抽象出来的；不是自然界和人类去适应原则，而是原则只有在符合自然界和历史的情况下才是正确的。这是对事物的唯一唯物主义的观点。"[1]恩格斯指出，杜林这种关于原则先于物质、先于世界，物质、世界是从原则出发而构建出来的荒谬观点，不仅割裂了人类意识同自然、物质世界的关系，把思维看作脱离自然界和人，并且从一开始就和自然界相对立的某种现成的东西，而且颠倒了思维同外部世界的关系，幻想出一个抽象不变的原则，然后，生搬硬套到现实中去。同时，恩格斯还进一步指出杜林这种从原则出发来构建现实世界的做法，并不是什么新玩意儿，"这完全像一个叫做黑格尔的人"[2]。黑格尔也是先验主义者，黑格尔认为，在世界形成之前，就存在着一个绝对精神，正是绝对精神的运动和变化才产生出自然界和人类社会。黑格尔的《哲学全书》就是专门论述这种理论的。杜

---

[1] 恩格斯：《反杜林论》，人民出版社2015年版，第35页。
[2] 同上。

商务印书馆出版的杜林的《哲学教程》封面

林不过是照搬照抄了同样的体系和观点。

恩格斯批判杜林的唯心主义，不单单是就事论事，而是对意识的起源问题进行科学、系统的论证来完成的。恩格斯指出："究竟什么是思维和意识，它们是从哪里来的，那么就会发现，它们都是人脑的产物，而人本身是自然界的产物，是在自己所处的环境中并且和这个环境一起发展起来的；这里不言而喻，归根到底也是自然界产物的人脑的产物，并不同自然界的其他联系相矛盾，而是相适应的。"[1] 恩格斯指出，意识是人的头脑的产物，而人本身则是自然界长期发展的产物，是人在一定的自然环境中，产生和发展起来的产物。所以，人脑的产物，归根到底还是自然界的产物。劳动创造了人本身。人类之所以能够超出动物界，能够进化到现在，劳动是起决定性的因素。劳动创造了人和人类历史。同样，人的思维也是在劳动中产生和发展起来的。

第二，恩格斯通过批判杜林唯心主义和形而上学的认识论，论述人类认识过程的辩证法。杜林哲学的基础建立在形式的先验原则上，从神秘的先验原则出发，进而构造现实世界，建立起凌驾于一切科学之上的所谓的"终极真理"的哲学体系。

恩格斯引入了现代自然科学的最新成果，通过系统地论述人类认识的发展过程，拆穿了杜林这种形而上学的谬论。现代自然科学证明，地球至今已有45亿年以上的历史。最初的漫长时间内，地球不存在任何生命迹象。经过十几亿年的演化，才完成了无机物到原生生物的过渡。接着，原生生物分别进化为植物和动物。动物又进一步发展成为具有神经系统的脊椎动物，进而，进化为人。由

---

[1] 恩格斯：《反杜林论》，人民出版社2015年版，第35—36页。

猿变人，大约是二三百万年前的事了。对此，恩格斯指出："首先是劳动，然后是语言和劳动一起，成了两个最主要的推动力，在它们的影响下，猿脑就逐渐地过渡到人脑。"[1]恩格斯认为，原生生物、动植物的产生，是适应环境而不断进化的结果。但是，从猿到人的转变，已经不再单单是单纯适应环境的结果，在这里，改造环境的劳动是起决定性的因素。从思维和意识的产生来看，它们并不是脱离自然而独立存在的东西，而是自然界长期发展的结果，也正因如此，思维和意识与自然既是相适应的，又是相统一的。一方面，恩格斯承认人类世界上的一切事物都是能够为人所认识的，人类的生产斗争、科学实验和阶级斗争无不要求人们尽可能地认识客观世界；另一方面，人类的认识过程又是一个矛盾运动的过程，因为无论是从世界本身还是人自身来说，彻底认识世界的任务都是不可能完全做到的。因为不仅客观世界是无限的，是不断运动变化和发展的，同时，人类的认识也无法离开时间、空间的限制。个体对世界的认识要受到其立场、世界观、实践条件及寿命的限制，因此人的认识，按其任务、使命、最终目的来说，在本质上是绝对的、无限的。而就其现实性而言，在每一个历史阶段，人类的认识总是有限的。也就是说，人类只能在社会实践的无限发展过程当中，不断认识无限发展着的客观事件，但是要注意，人类只是逐步接近而不能穷尽对客观世界的认识。

认识的相对与绝对、有限与无限的矛盾只能在人类无限发展的前进过程当中加以解决。也正是通过这个矛盾，人类对世界的认识才能够不断深化，同时，人类的认识水平也才能不断提高。反观杜

---

[1]《马克思恩格斯选集》第4卷，人民出版社1995年版，第377页。

林，他对认识过程当中的有限与无限、相对与绝对的辩证法一无所知，所以，他才只看到认识的绝对性和无限性，从而，陷入了形而上学的绝对主义中，闹出了企图建立终极真理的哲学体系的笑话。这个笑话看似解决了科学的终极任务，实则封闭了一切科学向前发展的现实道路。

第三，恩格斯通过批判杜林在数学问题上的先验主义，论述了思维与世界的辩证关系。为了给自己哲学方面的先验主义辩护，杜林求助于数学上的先验主义。他认为，在纯数学当中，知性处理的是"它自己的自由创造物和想象物"[1]。这种自由想象，可以完全脱离经验，从那些所谓不证自明的数学公理当中，推导出全部数学理论，进而应用到实践当中。而将这种数学推导过程运用到哲学中去，就会得出可以先验地在头脑中创造出哲学公理，进而，推导出世界模式，再把它运用到自然界和人类社会

列宁认为，人的实践经过亿万次的重复，在人的意识中以逻辑的形式固定下来。图为列宁塑像　张奋泉/供图↑

---

[1] 恩格斯:《反杜林论》，人民出版社 2015 年版，第 38 页。

中去的哲学构造过程。

对此，恩格斯指出："纯数学具有不依赖于任何个人的特殊经验的意义，这当然是正确的，而且这也适用于各门科学的所有已经确定的事实，甚至适用于所有的事实。"[1] 一方面，恩格斯肯定了数学及其他一切科学自身所带有的、可以脱离个人特殊经验而存在的相对独立性；另一方面，恩格斯明确指出，如果把这种相对独立性绝对化，那么，就会沦为脱离现实世界的荒谬说法。这既是因为数学和其他科学一样，其概念表面上看似很抽象，实则来源于现实世界；还因为数学本身的计算能力，也是以经验为依据而长期发展的结果，也就是说，不仅数学计算的对象是客观的，而且数学计算的能力也不是先天就有的。正如恩格斯在第一编所总结的那样："和其他各门科学一样，数学是从人的需要中产生的，如丈量土地和测量容积，计算时间和制造器械。"[2] 可见，和其他科学一样，数学具有相对独立性，而不具有绝对独立性。

需要强调的是，马克思主义哲学并不否认各门科学具有相对独立性。正如恩格斯在第一编中所指出的："从现实世界抽象出来的规律，在一定的发展阶段上就和现实世界脱离，并且作为某种独立的东西，作为世界必须遵循的外来的规律而同现实世界相对立。"[3] 从现实世界抽象出来的关于规律的认识，是作为不同于现实世界的事物而独立存在于人的头脑当中的。因而，这些规律性的认识与现实世界构成了一对矛盾。而反映这些规律性认识的科学在其自身的

---

[1] 恩格斯：《反杜林论》，人民出版社 2015 年版，第 38 页。
[2] 同上书，第 39 页。
[3] 同上。

发展过程中呈现出一定的自我发展的逻辑。例如，数学中的虚数，与自然数不同，它就不是直接从现实世界当中抽象出来的，而是通过合理推算来的。不仅如此，一门科学一经产生，便会被应用于世界，这种认识世界和改造世界的特殊性也是其相对独立性的体现。但是，这里的界限是不可把这种相对独立性绝对化，绝对化就会出现相反的结果。正如列宁所指出的："人的实践活动必须亿万次地使人的意识去重复不同的逻辑的式，以便这些式能够获得公理的意义。"[1] 所谓公理，也不是不需要证明的，而恰恰是为人类世世代代在社会实践活动中证明过亿万次的。

恩格斯还进一步指出，杜林自身对数学的看法存在着不一致性，呈现出前后矛盾的特点。在世界模式论的论述当中，杜林认为纯数学产生于纯思维，是完全先验的；而到了自然哲学的论述中，杜林又认为纯数学是完全经验的产物，完全来自外部世界。可见，杜林哲学的论点和论证过程缺乏基本的一贯性。

第四，恩格斯通过批判杜林唯心主义认识论的根源，论述了意识与存在的辩证关系。恩格斯对意识与存在的辩证关系的澄清，是通过分析意识的相对独立性来完成的。恩格斯在第一编中指出："正像在其他一切思维领域中一样，从现实世界抽象出来的规律，在一定的发展阶段上就和现实世界脱离，并且作为某种独立的东西，作为世界必须遵循的外来的规律而同现实世界相对立。"通过概括世界而形成的理论，具有一定的相对独立性，它们有着相对独立的存在形式和发展规律，以其特有的方式指导着人们改造客观世界的实践活动。但是，作为思想意识的成果，归根到底，不过是对客观世

---

[1]《列宁全集》第 55 卷，人民出版社 2017 年版，第 160 页。

界规律的反映与总结，倘若离开时间空间、离开现实世界，而片面地夸大思想、意识和理论的相对独立性，就会陷入唯心主义。对此，连数学问题上的先验主义，也难辞其咎。

人类对客观世界的认识，是有基本规律可循的。总体而言，是从个别的具体的事物开始，进而，逐步扩大到认识一般的和普遍的事物。对不同事物的特殊的本质逐渐上升为对客观事物的共同规律的认识。而普遍的规律进一步形成一般的、抽象的概念。把这些概念运用到具体的实践中去就会形成新一轮的认识。当运用一般的、抽象的概念和知识去认识别的尚未被认识的事物和过程时，很容易造成貌似这些概念和过程同客观世界、具体事物是独立存在的错觉，从而出现认为概念和知识是独立性存在的可能。正如列宁所指出的那样："人的认识不是直线（也就是说，不是沿着直线进行的），而是无限地近似于一串圆圈、近似于螺旋的曲线。这一曲线的任何一个片断、碎片、小段都能被变成（被片面地变成）独立的完整的直线，而这条直线能把人们（如果只见树木不见森林的话）引到泥坑里去，引到僧侣主义那里去（在那里统治阶级的阶级利益就会把它巩固起来）。直线性和片面性，死板和僵化，主观主义和主观盲目性就是唯心主义的认识论根源。"[1] 正是在这种无限循环之下，每一次的循环都可以使人的认识提高到更高的层次。客观存在的物质世界是人的认识的唯一来源。否认了认识的来源，否认了人的认识的基本规律，就等于否认了辩证唯物主义的反映论。

辩证唯物主义认识论的基本观点认为：人们是以实践为基础，以思维意识为媒介，才形成了对事物的规律性的认识。在这个阶

---

[1]《列宁全集》第55卷，人民出版社2017年版，第311页。

段，不能否认人们的认识具有相对独立性。然而，这种相对独立性，是建立在人们可以运用它去分析客观事物、认识和改造客观世界的前提下的，脱离了这一点，而把本来是从客观实际中得来的概念，片面夸大为一种脱离现实而独立存在的东西，那就会陷入唯心主义的泥沼。恩格斯通过揭示人类认识以客观现实世界为唯一来源，进而指出人类认识能力不是先天的，而是在后天的实践当中形成的，进而科学地阐释了思维与世界的辩证关系。需要指出的是，辩证唯物主义关于思维与世界的辩证关系的原理，并不是两三个"变戏法"似的词句能证明的，而需要长期而艰苦的哲学和自然科学的发展来证明。

二、从世界统一于存在到世界统一于物质

世界模式论是杜林哲学体系的第一部分，其主要观点来自杜林的《哲学教程》第一篇《存在的基本形式》，堪为杜林整个哲学体系的基础。杜林认为，"世界模式论"是关于一切存在的形式原则的科学，包括世界观的基本概念、存在的"逻辑特性"，以及同思维的关系等内容。杜林的"世界模式论"主要目的是从思维的统一性，推出世界的统一性，进而提出世界统一于存在的折中主义观点。

《反杜林论》的《世界模式论》是对《分类。先验主义》的展开，其主要内容是通过分析和批判杜林在关于世界统一性问题上的折中主义倾向，阐述辩证唯物主义关于世界物质统一性的基本原理。从该章开始，恩格斯就正式开始了对杜林哲学体系的批判。

该章共由三十二个自然段构成。其中，第一至十二段，主要

通过介绍杜林以思维的同一性推出世界统一性的唯心主义错误观点，阐述世界的物质统一性决定着思维统一性的基本原理；第十三至十四段，通过批判杜林世界统一于存在的折中主义错误，论述世界的统一性在于它的物质性的观点；第十五至三十二段，明确杜林的世界模式论是对黑格尔的《逻辑学》哲学体系的抄袭。

不难看出，恩格斯在批判杜林关于世界统一性问题上的错误的同时，也揭露出杜林世界模式论的理论来源。以此为基础，恩格斯论述了马克思主义的世界统一性原理。

首先，恩格斯批判了杜林从思维统一性推出世界统一性的观点。世界统一性的问题，本质上讲，就是世界的本源问题。对于这个问题，哲学史上存在着两种根本对立的观点：一种是唯物主义一元论的观点，认为世界的万事万物都统一于物质，即物质本源说；另一种是唯心主义的一元论观点，认为世界统一于思想，精神是万事万物的本源。在这两种观点之外，还有一种二元论的观点，认为世界有两个本源，即一个是物质的，

恩格斯在《反杜林论》中揭露了作为杜林的哲学基础的"世界模式论"是对黑格尔《逻辑学》的抄袭。图为黑格尔 文化传播/供图↑

一个是精神的,而两者处于平行地位,谁也不决定谁,这种观点,本质上是否认世界的统一性,实质上是唯心主义的翻版。杜林认为世界是统一于存在的,实际上就是认为世界是统一于思想的。也就是说,杜林的观点是唯心主义的。因此,恩格斯针对他的观点提出世界的真正的统一性是它的物质性,从而划清了唯物论和唯心论在世界统一性问题上的界限。

恩格斯开篇就引用了杜林的一段话:"包罗万象的存在是唯一的。由于它是自满自足的,因而没有任何东西同它并列或在它上面。如果给它加上第二个存在,那就使它成为不是它本来那样的东西,即成为一个包容更广的整体的一部分或组成部分。"[1] 杜林认为,人的思维是统一的,而存在与思维相符合。这样,杜林就借助了思维的统一性,把存在的唯一性变成了存在的统一性,从而推出世界的统一性。在恩格斯看来,现实世界绝不统一在人们关于存在或世界的看法中,恰恰相反,只有现实世界已经存在着统一性了,人们才能经过综合、分析等思维活动,推导出反映现实世界统一性的原理来。恩格斯借用一个既尖锐又深刻的比喻来论证他的观点:"如果我把鞋刷子综合在哺乳动物的统一体中,那它决不会因此就长出乳腺来。"[2] 显然,杜林闹出的笑话,根本上在于它颠倒了思维与存在的真实关系。对于这种用形而上学的、唯心主义的方法来论证世界统一性的观点,恩格斯的看法是:"罗马教皇和伊斯兰教总教长也可以承认,这样做丝毫无损于他们的永无谬误说和宗教。"[3]

---

1 恩格斯:《反杜林论》,人民出版社 2015 年版,第 41 页。
2 同上书,第 43 页。
3 同上书,第 358 页。

离开世界的物质性,把世界的统一性归于思维的观点,在本质上,同宣扬世界统一于上帝的唯灵论并无实质性的区别。尤其是杜林企图用存在这个概念证明上帝不存在的做法,与中世纪神学家证明上帝存在的论证法也是异曲同工。杜林从思维的统一性引申出世界的统一性,推出世界统一于存在的结论,试图否认上帝和彼岸世界的存在。然而,杜林不明白的是,"存在"仅仅与"不存在"相对立,并不与"意识"相对立。也就是说,这个"存在",可以是物质性的"存在",也可以是精神性的、意识的"存在"。世界统一于存在,就既可能是唯物主义的,也可能是唯心主义的。因此,事与愿违,杜林先生陷入了唯灵论和信仰主义。

其次,批判杜林关于世界统一于存在的观点。在世界的统一性问题上,杜林不仅犯了从思维的统一性推导世界统一性的错误,还犯了将世界的统一性归结于存在的错误。杜林认为世界统一于存在。杜林成功地避开了世界究竟是统一于物质,还是统一于精神的争论,提出世界统一于存在。杜林认为,世界之所以统一于存在,是因为存在是唯一的。因为世界上的万事万物都由存在发展而来,因此,世界统一于存在。那么,接下来的问题是:什么是存在?杜林并没有给出明确的回答。问题的关键就在这里。既然存在本身没有明确的含义,那么,各派哲学皆可以根据自己的需要,作出各自的解释:唯心主义可以把它理解为精神;信仰主义可以把它理解为上帝;唯物主义可以把它理解为物质;等等。可以说,杜林的这种模棱两可的回答,不仅不能解决问题,反而使问题复杂化,给上帝腾出了地盘。因此,恩格斯在此章指出:"当我们说到存在,并且仅仅说到存在的时候,统一性只能在于:我们所说的一切对象都是存在的、实有的。"[1]可见，杜林所谓的存在说，是典型的折中主义的表达。因此，恩格斯明确指出世界真正的统一性在于它的物质性："世界的统一性并不在于它的存在，尽管世界的存在是它的统一性的前提，因为世界必须先存在，然后才能是统一的。在我们的视野的范围之外，存在甚至完全是一个悬而未决的问题。世界的真正的统一性在于它的物质性，而这种物质性不是由魔术师的三两句话所证明的，而是由哲学和自然科学的长期的和持续的发展所证明的。"[2]在这里，恩格斯强调关于世界统一于物质的观点，是哲学和自然科学的长期的和持续的发展过程中得出的结论。在古代，朴素的唯物主义者就认为世界是统一于物质的，但是，限于当时的自然社会条件，他们只是简单地认识到世界统一于物质的某一具体形态。到了近代，随着生产力的提高和自然科学的发展，人们对客观世界的认识逐步深入。尤其是著名天文学家哥白尼提出的太阳中心说，彻底摧毁了托勒密的地球中心说，证明了地球和其他天体都是一样的物质性存在，根本不存在宗教所宣扬的"天上的世界"，可以说，这一发现，为世界统一于物质的原理提供了科学的证明。哥白尼之后，自然科学的发展继续为唯物主义原理作出新的有力证明。到了17—18世纪，根据当时科学发展的状况，机械唯物主义者承认世界的物质统一性，但是，他们把原子看成是物质的不可分的最小质点，认为世界统一于物质的绝对的、不可变的特性。19世纪，以三大发现为代表的自然科学的成就进一步证明了在物质世界之外并不单独存在一个精神世界，证明了世界上千变万化的现象

---

1 恩格斯：《反杜林论》，人民出版社2015年版，第44页。
2 同上书，第44—45页。

不过都是物质运动的不同形式的表现，这些现象之间是可以相互转化的矛盾统一体。20世纪初，生产和自然科学的进一步发展，最终证明了原子并不是物质的最小质点，也不是物质不变的某种特性，从而得出物质世界统一于物质本身的结论，而物质的唯一特性就在于它的客观实在性，即独立于我们的意识之外。

实践是检验真理的唯一标准，从古至今的长期的人类社会实践证明：辩证唯物主义的原理才是科学的，它建立在人类生产劳动的基础之上。随着生产和科学实践的不断发展，人类必将为世界统一于物质作出新的、更科学的证明。

在《反杜林论》的这一章中，恩格斯第

恩格斯雕像　黎明 / 供图

一次明确提出世界的真正的统一性在于它的物质性的命题。可以说,这个命题既是《反杜林论》全书的一个核心命题,也是马克思主义唯物辩证主义学说的理论基石。

最后,揭露杜林从抽象的存在出发而建造的世界模式论完全是抄袭黑格尔的《逻辑学》。恩格斯是通过将杜林的世界模式论与黑格尔的《逻辑学》进行内容上和体系上的一一对照来揭露杜林的抄袭行为的。不难看出,"存在"范畴是黑格尔《逻辑学》体系的出发点。杜林先生的世界模式论恰好也是从存在开始。

杜林对黑格尔的照搬照抄既是机械的,又是任意的。一方面,杜林大量抄袭黑格尔,另一方面,又极力辱骂黑格尔。杜林声明,他的存在不是黑格尔"纯粹的存在"。实际上,杜林所说的超世界的"一种自身等同状态"的存在,同黑格尔的"纯粹的存在",并没有任何实质上的区别。黑格尔的"纯粹的存在"是绝对观念运动的开端,它没有任何规定性、没有任何具体内容,是一种绝对抽象的存在。在这里,存在即虚无,虚无等同于存在,是概念的存在。存在和虚无,既有同一性又有差别性,从存在到虚无,从虚无到存在的辩证转化就形成了变易。变易使先前某一尚未定型的东西具备了一定的规定性,这就是质的概念。而质的概念又经过范围的逻辑推荐,演化出量、度的概念,度是质和量的统一。我们再来看杜林的学说。世界最开始存在的状态是"自身等同",即绝对静止,"自身等同"结束后,便出现了运动和分化,这就是变易。而变易的结果,就是质、量、度。整个过程贯穿着杜林对黑格尔的抄袭。无奈,这种抄袭显得滑稽又可怜。

和杜林不同,马克思运用了黑格尔的思想,吸取了黑格尔思想的合理内核,承认了黑格尔的哲学是马克思主义的重要理论来源之一，但是，马克思改造了黑格尔的唯心主义哲学体系，发展了黑格尔的辩证法思想。

三、从形而上学的认识论、自然观和运动观到辩证唯物主义的认识论、自然观和运动观

恩格斯对杜林自然哲学的批判集中在《反杜林论》第五至八章，主要针对杜林《哲学教程》的第二篇《自然知识原理》当中的理论。17—19世纪中叶，自然哲学非常流行。在当时，由于自然科学本身还不够发达，人们对于自然界的许多现象及其内在联系尚不能作出完整的解释，因而，一些哲学家便想要依靠单纯的逻辑思维，建立一种凌驾于自然科学之上的、代替自然科学的、关于自然界的理论体系，被称作自然哲学。自然哲学的主要代表人物有德国的谢林和黑格尔，他们的自然哲学虽然在一定程度上猜测到了自然界发展的一些规律，取得了一定的成就。但是，总体来看，仍然是用观念的幻想来代替尚未知道的现实的事实，是用想象来补充空白。到了19世纪以后，随着自然科学的发展，科学依靠自身提供的材料已经完全能够描绘出自然界相互联系的概况了，特别是马克思主义哲学的产生，更是为自然科学的发展提供了唯一正确的世界观和方法论。可以说，自然科学的发展和马克思主义哲学的产生，宣告了自然哲学的破产。但是，杜林仍不死心，他醉心于复苏自然哲学，企图建立一个凌驾于自然科学之上的自然哲学体系。于是，杜林将他的世界模式论应用到自然界中，建立了他的关于自然界的哲学学说。恩格斯对杜林的观点进行了彻底的批判。以此为基础，阐述

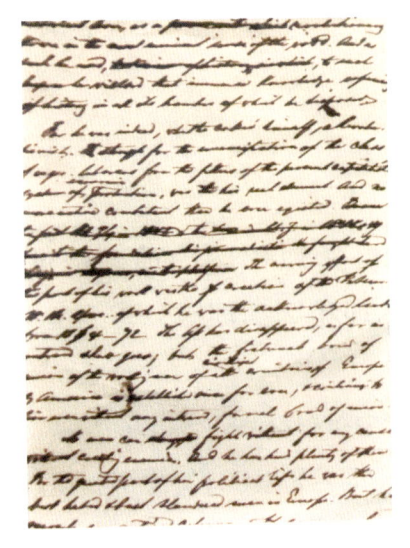

了马克思主义关于时间、空间的理论。

第一，在《自然哲学。时间和空间》中，恩格斯批判了杜林唯心主义的形而上学的时空观。《反杜林论》第五章《自然哲学。时间和空间》，共由三十四段构成，主要集中批判了杜林关于时间和空间的两个错误观点：其一，杜林认为时空有限。也就是说，世界在时间上是有开端的；在空间上是有限的。其二，杜林认为宇宙不变，认为世界最初处于绝对不变的状态。为了论证自己的观点。杜林提出了两条论据：其一，杜林认为"没有矛盾地加以思考的无限性的最明显的形式，是数在数列中的无限积累……被确切地加以思考的无限性也只有一个具有唯一方向的唯一基本形式"[1]。杜林将时间与空间的无限性设想为像数学中的数列一样，这种数列总是从某个数开始，然后无限积累下去。但是，这种积累不能是从相反的方向开始的，因为这样的话，"就会出现可以计数的无限数列这种不可允许的矛盾，所以假定

马克思、恩格斯认为，空间和时间分别具有多元与一元、差异统一与对立统一、扬弃与调节、量变为主与质变为主等基本特征。图为恩格斯《在马克思墓前的讲话》手稿　海峰／供图↑

[1] 恩格斯：《反杜林论》，人民出版社 2015 年版，第 48 页。

> **知识链接**
>
> **定数率**
>
> 　　定数率,指的是世界在空间的存在有限的规律。这个规律是杜林的结论,他认为,由于世界上任何小单位的数目都是一定的、有限的,所以,就不是一个不定数。因此,不论天体中的星球数,还是构成世界的最小粒子数,还是地球绕太阳旋转的次数,都是一个定数。只有从这个角度认识宇宙中无限多的事物,才不会陷入"算完不可算完数的矛盾"。

无限性还有第二个方向,显然是荒唐的"[1]。因此,无限一定有个开端,进而作为时间的无限性也应该有个开端。其二,杜林提出了一个所谓的"定数率"来证明他的时空有限性的形而上学观点:"一切周期性的自然过程都必然有某个开端,而自然界相继发生的一切分化、一切多样性,都必然渊源于某种自身等同的状态。这种状态可以从来就没有矛盾地存在着,可是,如果时间本身是由各个现实的部分组成的,而不是仅仅由我们的知性借助观念上对种种可能性的安排来任意划分的,那么上述观念就被排除了。"[2]一切事物、一

---

[1] 恩格斯:《反杜林论》,人民出版社 2015 年版,第 48 页。
[2] 同上书,第 49 页。

切过程,抑或每一个瞬间都是有限的。因此,空间也应该是有限的,而不是无限的。

其实,时间和空间的问题,几乎是所有学科都密切关注的问题。同时,也是人们应用得最为广泛的一对概念。然而,不同的领域,对时间和空间的概括不尽相同。在日常生活中,时间指的是某一事件的过程,即某一事件发生和结束的特定时刻;空间则指事物的场所和容积。在政治上,空间特指某一政治事件的作用和影响范围。在艺术上,时间指的是一种流动感,空间则指一种层次感。在哲学上,时间和空间概念与对世界本质的探索密不可分。几千年来人们兴趣盎然地探讨着时间和空间到底是什么,这个看似简单的问题,遗憾的是,答案千差万别。因此,恩格斯指出:"因为很可能我们还差不多处在人类历史的开端,而将来会纠正我们的错误的后代,大概比我们有可能经常以十分轻蔑的态度纠正其认识错误的前代要多得多。"[1] 正是时间和空间问题的存在,说明了人类认识的历史性和相对性。时间和空间的问题是哲学研究的重要组成部分,任何哲学体系都会涉及这个问题。

恩格斯运用马克思主义的时空观,深刻批判了杜林形而上学的时空观。恩格斯指出杜林关于时空有限的观点是片面抄袭康德哲学中相关观点的结果:"这些命题是逐字逐句从一本很著名的书上抄下来的,这本书在1781年第一次出版,书名是《纯粹理性批判》,伊曼努尔·康德著。这些命题每一个人都可以在这部著作的第一部第二编第二卷第二章第二节《纯粹理性的第一个二律背反》中读到。""他孜孜不倦地从康德的二律背反中抄下对他有用的东西,而

---

[1] 恩格斯:《反杜林论》,人民出版社2015年版,第90页。

把其余的东西抛在一边。"[1]

康德的"二律背反"指的是关于世界的两个正相反对、而又相互论证的命题，共有四对。其中，第一对就是关于时间和空间问题的。正题论证时空有限性；反题论证时空无限性。杜林抄袭了康德对正题的论证，而彻底抛掉了康德关于反题的论证。在康德那里，无限不能用有限的东西——相继的综合（或说相加）来完成对时空是有限的论证。因为如果承认世界在时间上是没有开端的，那么，在已经过去的任何一个时刻之前，一个无限事物的序列就已经过去了。也就是说，一个无限序列被综合（或相加）了。然而，现实是，无限序列永远综合（或相加）不完，所以，世界在时间上就不可能是无限的，而只能是有限的。杜林对时间有限性的论述，完全照抄了康德。康德和杜林的一致之处都是割裂了无限与有限的辩证关系，不承认无数的有限可以构成无限。因此，得出的结论都是时空有限。然而，康德和杜林所不同的是，杜林给康德的第一个"二律背反"的正题偷换了一个新名词——定数率，并把康德认为不能解决的矛盾，简单粗暴地彻底解决了。事实却是，杜林不但没有解决矛盾，反而使问题陷入了更加荒谬的境地。

真实的时空无限性和杜林的无限序列的无限性根本就是两回事。恩格斯指出："时间上的永恒性、空间上的无限性，本来就是，而且按照简单的词义也是：没有一个方向是有终点的，不论是向前或向后，向上或向下，向左或向右。这种无限性和无限序列的无限性完全不同，因为后一种无限性起初总是从一，从序列的第一项开

---

[1] 恩格斯：《反杜林论》，人民出版社2015年版，第50、51页。

知识链接

二律背反

　　康德把人的认识能力分为三种：感性、悟性和理性。前两者的认识只到达经验、现象层面，而无法到达"自在之物"、本质的认识。"自在之物""理性"可以为理性所到达。但是，理性试图认识世界时，反而会陷入自相矛盾。康德就把这种自相矛盾，称为"二律背反"。具体而言，包含以下四个方面：世界在时间和空间上有限与世界在时间和空间上无限；世界上的一切物质都是简单的和不可分割的和世界上的一切物质都是复杂的和可分割的；世界上存在着自由和世界上没有自由；存在世界的最初原因和没有世界的最初原因。康德的"二律背反"，表明的是人的主观认识的有限性和客观世界的不可认识性。康德是在事物的本质和现象之间设下了一条不可逾越的鸿沟，从而彻底否认认识事物的可能性。尽管康德"二律背反"给宗教留下了地盘，但是，他对概念范畴间辩证统一关系的揭示，对德国辩证法的进一步发展，功不可没。

始的。"[1] 恩格斯指出，不仅物质世界在时间上，不管向过去追溯多

---

[1] 恩格斯：《反杜林论》，人民出版社 2015 年版，第 51 页。

久，也无论向未来探索多远，总是无始无终的，也永远不存在尽头；而且物质世界在空间上，大而观之是无边无际的，小而察之也是无穷无尽的，永远不存在界限。

辩证唯物主义的时空无限性观点是人们在长期的实践中，从对宇宙认识的不断发展中，概括出来的科学论断，并已被现代科学的发展所一再证实。与此相反，数学的无限序列总是从一开头，从序列的第一项开始，这种无限序列就无法应用于空间，倘若强加运用，便会闹出可以从一个点按照三个相反的方向延伸出六条线、存在六度空间的笑话。同样的，将向两端无限伸长的序列应用到时间上，可以用来表示时间的过去和未来，但是，倘若将这种无限序列等同于杜林向唯一方向延伸的无限序列也是要闹笑话的。恩格斯进一步指出，在唯物辩证主义的时空观看来，"很清楚，有终点而无开端的无限性和有开端而无终点的无限性，都同样是无限的。杜林先生只要有一点点辩证的洞察力就一定会知道，开端和终点正像北极和南极一样必然是互相联系的，如果略去终点，开端就正好

恩格斯指出，杜林关于时间有限性的论述抄袭了康德的理论。图为康德　文化传播 / 供图↑

成为终点,即序列所具有的一个终点,反过来也是一样"[1]。南极和北极,看似是相互对立的,实则它们的对立是相对的而不是绝对的,二者是相互联系的,是辩证统一的,这说明,在无限的世界中,任何一个点都具有两重性,前一过程的终点,就是后一过程的起点。因此,开端与终点也不是绝对对立的。人类历史的发展也是如此,任何一个历史时期的起点,同时,也是前一个历史时期的终点。起点和终点是相对而言的,在现实世界中,不存在绝对的起点和绝对的终点。尽管在数学中,为了计算方便,会采取从某一确定的数列的某一项出发,这是必要的、合理的,也是必需的。然而,以此来证明现实世界在时间上有个开端,在空间上有个界限,却是滑稽的。而这恰恰成了杜林时空有限性观念的认识根源。

不仅如此,就杜林认为"无限是不应该包含矛盾"的说法,恩格斯明确指出:"杜林先生永远做不到没有矛盾地思考现实的无限性。无限性是一个矛盾,而且充满矛盾。无限纯粹是由有限组成的,这已经是矛盾,可是情况就是这样。"恩格斯进一步指出,无限和有限是辩证统一的。只有通过许许多多的有限,无限才能存在。一旦脱离了有限,无限将不能独立存在。因此,无限本身就包含着矛盾。物质世界在时间和空间上是无限的,这种无限是由无数个有限的物质所构成的图景。每一个具体事物,在时间和空间上都是有限的:时间上有开端和终点,有产生、发展和消亡的过程;空间上有位置,有范围。但是,事物的消亡,不过是物质存在和运动的形式起了变化,并不代表事物就凭空消灭了。正是无数的相互联系的具体事物的不断产生和消亡,各种运动形式的相互转化,才构

---

[1] 恩格斯:《反杜林论》,人民出版社 2015 年版,第 52—53 页。

成了整个物质世界的无限性，构成了时间和空间的无限性。唯物辩证法关于无限和有限的辩证统一关系的论述，深刻反映了不断运动着的物质世界的现实关系和矛盾，矛盾不仅存在于无限的世界中，而且还是物质世界无限性的基本条件。

然后，就杜林所谓时间是有开端的，在时间的开端之前，世界处于自身等同的不变状态中的说法，恩格斯也明确指出："一切存在的基本形式是空间和时间，时间以外的存在像空间以外的存在一样，是非常荒诞的事情。"[1]恩格斯指出，时间和空间是物质存在的客观形式，时间、空间和运动着的物质不可分割，离开时间的物质存在，同离开空间的物质存在一样荒唐。世界在时间上是永恒的，在空间上是无限的，这种无限性既没有开端，也没有终点。这种无限性不依赖于主观意识，因而，物质世界才是唯一的现实世界。

不仅如此，杜林所臆想出来的那个绝对不变的世界，成了杜林彻底陷入唯心论的陷阱。倘若这个处于一种绝对不变的状态的世界存在，那么，杜林要面临的问题是：这个世界怎样从那个自身等同的，绝对不变的原始状态中脱离出来，变为变动的状态呢？又怎样从没有时间变为有时间的呢？面对这些无法回答的问题，尽管杜林绞尽脑汁地狡辩，仍然于事无补。终于，为了完成由静到动的转变，杜林还是将上帝的第一次推动搬出来帮忙。杜林早在自己的世界模式论中，就假装已经干干净净地扫除了彼岸的世界和上帝，在此处，不得不将其重新引入他的自然哲学。

辩证唯物主义的时空观认为：世界上一切事物的运动和变化，总是处在一定的时间和空间中。不仅如此，即便是同一事物，在不

---

[1] 恩格斯：《反杜林论》，人民出版社2015年版，第53—54页。

同的时间和空间中，也会呈现出不同的特征。这就告诉我们，观察任何事物都必须结合事物运动变化的规模；处理任何事情都必须依照事情当时当地的实际情况，要时刻使自己的思想同变化着的新情况与时俱进，以免陷入主观主义和形而上学的错误当中。

第二，在《自然哲学。天体演化学，物理学，化学》中，恩格斯批判了杜林在物质运动问题上的形而上学观点，阐明了辩证唯物主义的运动观。第六章《自然哲学。天体演化学，物理学，化学》的主要内容是通过批判杜林的形而上学的运动观，阐明辩证唯物主义关于运动和物质、运动和静止的辩证关系的基本原理。此章由二十九个自然段构成。其中，第一至十四段，主要通过批判杜林关于天体起源和演化问题上的错误观点，来阐明辩证唯物主义关于运动和物质的关系的基本观点；第十五至二十三段，主要通过批判杜林在物理学方面的观点，阐明唯物主义关于运动和静止的辩证关系的观点；第二十四至二十九段，主要批判杜林在化学上得出的错误结论。

首先，恩格斯通过批判杜林"宇宙介质的状态"，指出物质与运动相统一的基本原理。杜林通过设想一种"宇宙介质的状态"，作为原始状态的世界，从而提出了自己关于世界是如何产生的观点。

在杜林那里，所谓"宇宙介质的状态"就是物质与机械力的统一体。为了给自己的观点找到强有力的论据，杜林对康德关于天体演化的"星云假说"进行展开。"星云假说"是康德1755年出版的《宇宙发展史概论》中提出的。恩格斯在《反杜林论》中对这个假说给予了很高的评价。在该书第六章中，恩格斯明确指出："康德关于所有现在的天体都从旋转的星云团产生的学说，是从哥白尼以来天文学取得的最大进步。认为自然界在时间上没有任何历史的那种观念，第一次被动摇了。"[1]康德的"星云假说"不仅说明了地球和太阳系都有自身发生、发展的历史，而且整个宇宙的物质都处于永恒变化和发展的过程中。康德的"星云假说"，具有重大理论意义。他给当时占统治地位的形而上学自然观以致命一击。而杜林臆造的"宇宙介质"在根本上，就不同于康德的原始星云。因为，星云之所以被认为是原始的，一方面，由于它是现存天体的起源；另一方面，是因为星云是人类目前所能追溯到的最早的物质形式。尽管在今天看来，作为一个假说，康德的"星云假说"的确存在不少错误和缺点，但是，"星云假说"的很多思想和方法，直到今天也还具有现实意义。因为康德的"星云假说"认为天体起源于星云，而星云是运动的，正是这一点触怒了杜林。因为在杜林看来，天体起源于物质自身等同的状态，而这种状态是不运动的和不变化的。

要知道，直到17、18世纪，关于天体的演化理论中，牛顿的"第一推动力"观点仍然长期占支配地位。这种观点认为，地球绕太阳旋转的原因是太阳在万有引力的作用下吸引地球。但若只靠引力，地球就会倾向太阳，因此，必须有另一种力量推动地球围绕太阳公转。牛顿认为，这种力量就是"第一推动力"。这种观点由于恰好满足了中世纪宗教神学的需要，因而长期占统治地位。康德的"星云假说"在将牛顿的形而上学观点打开缺口上意义重大。恩格斯也正是在肯定康德的"星云假说"的同时，阐明了辩证唯物主义关于世界是如何产生的观点。

其次，恩格斯通过批判杜林将运动与物质割裂的做法，提出运

---

[1] 恩格斯：《反杜林论》，人民出版社2015年版，第59页。

动是物质的存在形式的基本原理。杜林认为，世界最初是绝对静止的，杜林将其命名为"宇宙介质的状态"，指的是物质与机械力相结合的那个最初的、绝对的、静止的状态。杜林还进一步解释道，这种原始状态的世界，既不是纯粹静止的，也不是运动的，因为它包含了运动的因素。因此，这个原初状态的世界是以后世界存在发展的前提。对此，恩格斯直接指出，这是自相矛盾和不可理解的。世界是永远运动发展变化的世界，运动是物质的固有属性。在辩证唯物主义看来，运动的形式是多种多样的，机械运动只是物质多种多样的运动形式中，一种最低级的形式。而这些物质运动的形式之间既是相互区别的，又是相互依存、相互转化的。一切运动都程度不同地包含着机械运动，但是，却并不能把所有运动都简单地归结为机械运动。否则，就会抹杀运动形式的特殊性、否认事物之间质的差别，从而，也就无法认识和区别不同的事物。由此

牛顿的"第一推动力"观点在欧洲曾长期占据主导地位。图为牛顿 FOTOE/供图↑

可见，只有把运动的特殊性和普遍性结合起来，才能正确地理解物质和运动的辩证关系。恩格斯指出："运动是物质的存在方式。无论何时何地，都没有也不可能有没有运动的物质。"[1] 世界上没有什么东西是绝对静止的，运动是绝对的，静止是相对的。运动既是物质的固有属性，也是物质的存在形式。

再次，恩格斯通过批判杜林运动是机械运动的观点，指明运动和静止的辩证统一关系。在物理学方面，杜林认为"与物质的运动状态同时存在的，还有静止的状况，后者是不能由机械功来计量的……"[2] 一方面，杜林承认静止状态的存在；另一方面，在运动和静止之间画了一道不可逾越的鸿沟，将静止绝对化。因而，杜林绕来绕去又回到了那个不得不解决，却又无法解决的问题上，即他所设想的宇宙原始状态如何实现从静到动的问题。为了摆脱这种困境，杜林竟然通过歪曲物理学中潜热的含义，来为自己捏造借口。实际上，杜林是把静止和运动对立起来，不懂得静止和运动的辩证关系。

恩格斯通过批判杜林所谓的静止状态并不代表机械功的观点，进而，深刻地阐明了运动和静止的辩证统一关系。恩格斯以重物悬空而挂的静止状态所具有的位能为例，说明物体的静止状态代表机械功。用辩证法的观点来分析，世界上一切事物无论何时何地，都处在永恒的运动和变化之中。运动是绝对的和永恒的，静止和平衡却是相对的和暂时的。静止本身也是一种运动，是运动的一种特殊存在状况，是事物处于量变过程中的一种运动状态。也就是说，不

---

[1] 恩格斯：《反杜林论》，人民出版社 2015 年版，第 62 页。
[2] 同上书，第 63 页。

存在绝对的静止和无条件的平衡。但是，反过来讲，运动也总表现在静止之中，并从静止中找到它的量度。没有静止，运动也无从显现。个别物体的任何个别运动无不因空间条件的限制而倾向于相对静止，但是，总的运动往往又会破坏这种平衡。正如恩格斯所指出的："出现静止和平衡，这是有限制的运动的结果，不言而喻，这种运动可以用自己的结果来计量，可以用自己的结果来表现，并且通过某种形式从自己的结果中重新得出来。"[1]可见，相对静止和绝对运动是一切事物在运动过程中所采取的两种对立统一的状态。

运动和静止的关系，是马克思主义的重要原理之一。党的十八大以来，以习近平同志为核心的党中央不断强调"稳中求进工作总基调是我们治国理政的重要原则"，"稳""进"之间，彰显的是马克思主义关于运动和静止的辩证法。

最后，在第七章《自然哲学。有机界》中，恩格斯批判了杜林唯心主义的生物进化论，进而，科学地评价了达尔文的进化论。第七章的中心思想是通过批判杜林在生命起源问题上的观点，阐明马克思主义对达尔文生物进化论学说的基本看法。此章共由四十七个自然段构成。其中，第一至八段，批判杜林的庸俗进化论；第九至三十九段，通过批判杜林对达尔文学说的攻击，肯定达尔文学说的历史地位；第四十至四十七段，批判杜林在生物进化论上的无知与自相矛盾。

杜林认为从简单的机械运动到人类大脑的思维活动仿佛是阶梯一样，一节一节地连接。在整个过程中只有量的增加，而不发生任何质的飞跃。他还借助黑格尔的"内在目的"概念来解释无机界向

---

[1] 恩格斯：《反杜林论》，人民出版社2015年版，第65页。

有机界的转化，把自然界看作具有自己的目的和意志的客观精神本体。对此，恩格斯指出："尽管会有种种渐进性，但是从一种运动形式转变到另一种运动形式，总是一种飞跃，一种决定性的转折。"[1] 一种运动形式转到另一种运动形式本身，就是事物的质的改变。而这种质的改变，既有爆发式的飞跃，又有通过一系列小的飞跃而逐渐实现的过渡的飞跃。由此可见，杜林所谓的阶梯无法否认自然界发展过程中的质变。辩证唯物主义基本原理认为，量变是质变的基础，质变是量变的必然结果。正如列宁曾深刻指出的："没有飞跃，渐进性就什么也说明不了。"[2]

不仅如此，站在庸俗进化论的立场上，杜林对达尔文的进化学说进行了猛烈的攻击。主要集中在四个方面：其一，达尔文的进化论，是马尔萨斯的人口论从经济学到自然科学的翻版；其二，达尔文的进化论，拘泥于牲畜饲养者的观念；其三，达尔文的生存斗争论是不科学的；其四，全部达尔文主义除了一些从拉马克那里抄来的东西以外，不过是一种人性与兽性的对抗。

恩格斯对杜林的批判首先建立在客观论述达尔文学说的产生背景上。恩格斯明确指出作为英国著名的生物学家，达尔文在1831年于剑桥大学毕业之后，以科学家的资格参加了"贝格尔号军舰"的环球旅行。这次旅行绕地球一周，历时五年。在长达五年的科学旅行中，达尔文发现物种是不断变化的。后来经过实验，通过对动植物的人工培育，达尔文印证了这一发现：物种在一定程度上是会发生变异的。具有不同特征的有机体，可能有着共同祖先。不仅如

---

[1] 恩格斯：《反杜林论》，人民出版社2015年版，第69页。
[2] 《列宁全集》第55卷，人民出版社2017年版，第103页。

此，达尔文还发现生物的进化是在生存斗争中得以实现的。在具体的生存斗争中，那些有利于这种斗争的个体特质会保存下来，通过遗传一代一代积累和强化，直到演变为新的物种。而那些没有这种特质的个体就会逐渐死亡和淘汰。物种就是通过适者生存、优胜劣汰的自然选择而逐渐发生变化的。达尔文从生物本身探求事物的发展规律，系统地论证了物种变化发展的基本理论。

接着，针对杜林对达尔文学说的攻击，恩格斯逐一作出批判。然而，恩格斯对杜林的批判并不代表他全盘肯定达尔文的一切主张。恩格斯秉承辩证唯物主义的态度，一方面肯定达尔文学说当中正确的一面，另一方面对其错误也进行了实事求是的分析。恩格斯认为，达尔文学说确实看到了生物界生存斗争的一面，却把这一面过分夸张，而不是辩证地理解自然界中的物体不论是死的或是活的，其相互作用既包含和谐也包含冲突，既包含斗争也包含合作。

尽管达尔文的生物进化论不是照抄照搬

恩格斯既肯定了达尔文的进化论的意义，即有力打击了神创论和形而上学自然观，又指出了进化论的不足。图为英国19世纪讽刺达尔文的漫画　文化传播／供图↑

马尔萨斯的人口论,但却对马尔萨斯的理论全盘接受。更为严重的是,虽然达尔文在其《人类的由来及性选择》一书中,论述了人类起源于动物的观点,但也仅仅是到此为止。达尔文根本不了解是劳动实现了从猿到人的根本转变。正如恩格斯所指出的:"进化论本身还很年轻,所以,毫无疑问,进一步的探讨将会大大修正现在的、包括严格达尔文主义的关于物种进化过程的观念。"[1]事实也正是如此。

第三,在第八章《自然哲学。有机界(续完)》中,恩格斯根据当时化学和物理学的最新成果,批判了杜林的观点,论述了生命的本质和起源问题。第八章的主要内容是继续批判杜林在生命起源问题上的观点,进一步阐明辩证唯物主义关于生命起源的基本观点。该章共由三十六个自然段构成。其中,第一至三段,通过批判杜林的自然科学观点,阐明细胞是生物的基本结构和单位;第四至二十七段,主要批判杜林的生命观点;第二十八至三十六段,通过概括当时生物学的主要成就来探讨生命的科学意义。在该章中,通过阐述生命的实质,探索有机物的历史,恩格斯以辩证唯物主义为方法,批判了杜林的观点。

杜林自诩为博学的自然哲学家,他的自然哲学是用实证科学来说明有机体的形成。以此为基础,杜林认为生命的标志有四个方面:以心脏为中心的物质循环、细胞、感觉和新陈代谢。恩格斯指出,杜林关于生命的四个标志既自相矛盾,又毫无意义。

---

[1] 恩格斯:《反杜林论》,人民出版社2015年版,第78页。

第一，恩格斯通过论述有机体形成的具体过程，批判了杜林在有机生物学说中，主张用组合论代替发育的观点。杜林主张，只有用组合代替发育才十全十美，恩格斯指出："一切有机体，除了最低级的以外，都是由细胞构成的，即由很小的、只有经过高度放大才能看得到的、内部具有细胞核的蛋白质小块构成的。"[1] 一切有机的细胞体，无不是通过分裂的方式增殖细胞和补充组织的，这个过程显然是发育的过程，而不是杜林所谓的组合。

第二，恩格斯通过批判杜林关于生命的本质和特征的观点，运用辩证唯物主义的基本理论，总结了自然科学特别是当时的物理学、化学、生物学等学科的最新成果，提出了生命的科学定义："生命是蛋白体的存在方式，这种存在方式本质上就在于这些蛋白体的化学成分的不断的自我更新。"[2] 恩格斯对生命的定义概括了从最简单的有机体，一直到人类这一最复杂的生命体在内几乎一切生命体的一般特征。同时，恩格斯还指出生命过程与其他过程一样，是物质的。生命过程所具有的独特特征就在于蛋白质能与外部环境进行新陈代谢，但是，新陈代谢本身并不能产生生命，只是蛋白体在新陈代谢中才呈现出生命的迹象。也就是说，在新陈代谢中，起主导作用的是蛋白体，而新陈代谢主要发挥的是催化作用。只有蛋白质才具有生命的最基本的特征：反应性、收缩性、成长性以及内在运动性。因此，蛋白体是生命的存在方式，这也是活着的东西和死了的东西的本质区别。在当时的社会历史和科学自然条件下，恩格斯的关于生命包含同化和异化、新陈代谢、生与死的辩证过程的观点，

---

[1] 恩格斯：《反杜林论》，人民出版社 2015 年版，第 80 页。
[2] 同上书，第 85 页。

堪为生物学中的革命，它永远排除了灵魂不灭的宗教观念。从而成为现代生物学的指导思想，而现代自然科学的进一步发展同样印证了恩格斯观点的科学性。

四、从永恒道德到道德共识

"道德和法"部分的内容共由三章组成：第九章《道德和法。永恒真理》、第十章《道德和法。平等》和第十一章《道德和法。自由和必然》。主要内容是批判杜林将其哲学世界观运用到认识真理性问题上，进而产生的关于社会生活中的道德、平等、自由等问题的相关观点，即杜林关于人的学说，进而阐明唯物辩证法运用到认识领域和社会历史领域中的基本观点。批判的主要对象是杜林《哲学教程》中第三篇《意识的要素》、第四篇《伦理、正义和高尚的人性》、第五篇《社会和历史》和第六篇《生活的个人化和生活价值的提高》中的基本观点。中心思想是批判杜林的所谓的永恒道德的思想，提出辩证唯物主义的道德共识的观点。

在道德问题上，杜林试图建立一个与任何时代、任何条件都相适应的、永恒的、普遍的道德法则。杜林指出："道德的世界，'和一般知识的世界一样……有其恒久的原则和单纯的要素'，道德的原则凌驾于'历史之上和现今的民族特性的差别之上……在发展过程中构成比较完全的道德意识和所谓良心的那些特殊真理，只要它们的最终的基础都已经被认识，就可以要求具有同数学的认识和运用相似的适用性和有效范围。真正的真理是根本不变的……因此，把认识的正确性设想成是受时间和现实变化影响的，那完全是愚蠢'。"[1]杜林在对道德、法律、真理等社会问题的观点上，显示出明显的唯心主义倾向。恩格斯看到杜林的观点不是以现实的经济关系为基础，而是以思想关系为基础，恩格斯对这种试图从思想出发建立永恒真理、永恒道德、永恒法律的做法，进行了彻底的批判。

第一，恩格斯在第九章中，通过批判杜林所谓的永恒真理观与超社会历史的道德观，进而论述认识过程的辩证法和历史唯物主义的道德观。该章共由二十九个自然段构成。其中，第一至七段，主要是阐述杜林在真理和道德问题上的主要观点；第八至二十二段，通过批判永恒真理观的错误观点论证认识过程的辩证法；第二十三至二十九段，论述人的道德行为及道德观念的历史性、具体性和阶级性。

——在真理问题上，虽然杜林承认客观真理的存在，但是，杜林对客观真理的理解，却是形而上学的。他否认人类认识是一个无限前进的过程，无视相对真理和绝对真理的辩证关系，从而把认识看作终极的、绝对的和永恒不变的。在真理问题上，杜林为了给自己关于人的学说的终极真理体系创造依据，大肆宣扬最后的、终极的和绝对的真理，宣扬思维的至上性和认识的绝对可靠性；否认人的认识是一个过程。

真理问题是马克思主义认识论的基本问题之一，马克思在《关于费尔巴哈的提纲》中，曾明确指出实践在认识中的作用，认为实践是检验认识真理性的唯一标准，为辩证唯物主义解决真理问题奠定了基础。而恩格斯对马克思主义真理观的杰出贡献在于阐明了真理发展的辩证法。以此为基础，恩格斯对杜林这种形而上学的真理

……

[1] 恩格斯：《反杜林论》，人民出版社2015年版，第88—89页。

观进行了集中的批判。

恩格斯提出:"人的思维是至上的,同样又是不至上的,它的认识能力是无限的,同样又是有限的。按它的本性、使命、可能和历史的终极目的来说,是至上的和无限的;按它的个别实现情况和每次的现实来说,又是不至上的和有限的。"[1]恩格斯深刻阐明了至上性和非至上性并不是指人的两种认识能力和人的两种思维方式,恰恰相反,指的是人的认识和人的思维在性质上所具有的二重性,它们是人的认识中所固有的一对矛盾。也就是说,人的思维与认识能力的至上与不至上、无限与有限之间既对立又统一的辩证关系。从而,彻底揭穿了杜林在人的认识问题上把至上与不至上、无限与有限割裂开来、对比起来的观点。

恩格斯指出真理既是绝对真理,又是相

---

[1] 恩格斯:《反杜林论》,人民出版社 2015 年版,第 91 页。

1845 年,马克思和恩格斯曾在比利时布鲁塞尔居住。其间,马克思创作了著名的《关于费尔巴哈的提纲》等著作。图为比利时布鲁塞尔天鹅咖啡馆　曾志/供图↑

对真理。就其内容而言，真理是客观真理；就认识过程而言，真理是从相对真理到绝对真理的认识过程。恩格斯明确指出客观世界及其规律是无限发展和不断变化的。因此，人们对绝对真理的认识也是个无限的发展过程，人们的认识，只能不断地接近绝对真理，却永远不能穷尽绝对真理。杜林否定相对真理的存在，就是否定对真理的认识是一个过程，是把人类在一定历史阶段上对真理的认识误认为是终极真理。恩格斯用各门学科的发展史和当时各个学科所达到的对真理认识的阶段，有力证明了绝对真理和相对真理的辩证统一："认识就其本性而言，或者对漫长的世代系列来说是相对的而且必然是逐步趋于完善的，或者就像在天体演化学、地质学和人类历史中一样，由于历史材料不足，甚至永远是有缺陷的和不完善的，而谁要以真正的、不变的、最后的终极的真理的标准来衡量认识，那么，他只是证明他自己的无知和荒谬，即使真正的动机并不像在这里那样是要求个人不犯错误。真理和谬误，正如一切在两极对立中运动的逻辑范畴一样，只是在非常有限的领域内才具有绝对的意义；这一点我们刚才已经看到了，即使是杜林先生，只要他稍微知道一点正是说明一切两极对立的不充分性的辩证法的初步知识，他也会知道的。"[1]

不仅如此，恩格斯还进一步指出，不像杜林所认为的那样，真理和谬误永远是绝对对立而不可相互转化的，相反，真理和谬误是对立统一的，在人类的认识过程中，二者常常是相互依存和相互转化的。一方面，真理与谬误是相互对立的，真理总是在同谬误的比较中存在、斗争中发展，这是真理发展的一个规律；另一方面，真

---

[1] 恩格斯：《反杜林论》，人民出版社2015年版，第95页。

理和谬误又是可以相互转化的。因为二者的对立，只有在一定的范围内，才有绝对意义，超出这个范围，就会互相转化。

——在道德问题上，杜林把道德看成是超历史、超阶级的，所谓人类共同属性，倡导永恒的道德观和永恒的法律观。其目的昭然若揭，无非是为地主资产阶级的人性论呐喊，进而，猛烈攻击马克思主义的阶级斗争学说。不难看出，杜林在真理问题上的终极真理论是他在历史领域当中确立终极道德和终极法律的理论依据。恩格斯运用辩证唯物主义和历史唯物主义的基本原理，深刻批判杜林的永恒道德论，阐明了道德的历史发展和主要内容。在道德产生和发展上，恩格斯明确指出："善恶观念从一个民族到另一个民族、从一个时代到另一个时代变更得这样厉害，以致它们常常是互相直接矛盾的。"不存在任何超历史的善恶观念，从而也就不存在一切超民族和超时代的永恒道德。道德就其产生和发展而言，都是历史的产物，历史和时代变了，道德的内容也必然发生改变。那种永恒不变的，适用于一切时代、一切阶级的道德是根本不存在的。

不仅如此，在道德本质问题上，恩格斯通过分析资本主义社会中同时存在的三个阶级的特殊道德，明确指出："现代社会的三个阶级即封建贵族、资产阶级和无产阶级都各有自己的特殊的道德，那么我们由此只能得出这样的结论：人们自觉地或不自觉地，归根到底总是从他们阶级地位所依据的实际关系中——从他们进行生产和交换的经济关系中，获得自己的伦理观念。"[1] 作为社会意识的上层建筑，道德是由社会经济基础决定的。也就是说，一定阶级的阶级地位、经济利益决定了自己阶级的道德观念。不同的道德观念体

---

[1] 恩格斯：《反杜林论》，人民出版社 2015 年版，第 98 页。

现的是不同的阶级利益，是为不同的阶级利益服务的。在阶级社会中，道德具有鲜明的阶级性，是阶级斗争的工具。杜林本人也生活在阶级对立的社会里，却企图抹杀道德的阶级性，把道德说成是没有任何阶级属性的、人类的共同属性。

不仅如此，恩格斯还进一步指出："只有在不仅消灭了阶级对立，而且在实际生活中也忘却了这种对立的社会发展阶段上，超越阶级对立和超越对这种对立的回忆的、真正人的道德才成为可能。"[1]只有到了实现共产主义以后，全人类的共同的道德才可能实现。

恩格斯通过真理发展规律的辩证法，阐明客观世界的发展是无限的，人们认识的发展也是永无止境的，从而，在根本上厘清了辩证唯物主义认识论与形而上学认识论的区别；通过道德问题的论述，指出消除剥削阶级的道德观念，是一个长期而艰巨的任务，从而，彻底划清了无产阶级道德观、人性论与地主资产阶级道德观、人性论的界限。

第二，恩格斯在第十章中，通过批判杜林研究社会生活领域的先验主义方法论和形而上学的平等观，阐明历史唯物主义平等观的基本内容，以及无产阶级平等观的根本要求。该章共由三十三个自然段构成。其中，第一至五段，阐述杜林在研究社会生活领域问题时所使用的方法论及其实质；第六至二十四段，批判杜林的平等观；第二十五至三十三段，论述平等观的社会历史性、阶级性，以及无产阶级平等观的产生、发展与主要内容。

在这一章中，恩格斯首先批判了杜林研究平等问题的先验主义方法："我们已经不止一次地领教了杜林先生的方法。他的方法就

---

[1] 恩格斯：《反杜林论》，人民出版社 2015 年版，第 99 页。

是：把每一类认识对象分解成它们的所谓最简单的要素，把同样简单的所谓不言而喻的公理应用于这些要素，然后再进一步运用这样得出的结论。社会生活领域内的问题也'应当从单个的、简单的基本形式上，按照公理来解决，正如对待简单的……数学基本形式一样'。"[1] 杜林认为，元素的意义等同于数学公理的意义，因而，元素推演出的结论自然也具有数学推演一样的确定性。运用这种方法，杜林建构了他的人类的平等观。杜林把社会分成最简单的元素：两个抽象的，意志完全平等的人。社会就产生于这两个人的相互作用。那么，不平等是从哪儿来的呢？杜林认为不平等的根本原因在于这两个人当中的一方对另一方使用了暴力，从而强迫对方服从自己的意志。但是这并不影响平等是自然的、正义的本质，而不平等是不自然的和非正义的本质。杜林认为，平等是先天的永恒真理，是道德和法律的基础。然而事实却并非如此，在人类历史上，不平等是广泛存在着的：奴隶和奴隶主、农奴和封建贵族等，都不是杜林所谓的两个意志完全平等的人。对此，恩格斯进行了深刻的批判。

就杜林研究平等的方法而言，恩格斯认为这是形而上学的、是唯心主义的方法。这种方法不是从社会历史发展的过程本身去研究问题，而是从人的主观愿望，从抽象的概念出发，进行主观的推断。在这种方法中，不是主观服从客观、概念符合对象，而是客观服从主观、对象符合概念。而就杜林研究平等的具体内容而言，恩格斯提出杜林平等理论当中的"两个人"也不是杜林的独创，而是从18世纪思想家卢梭那里抄来的。卢梭用"两个人"来证明人的

---

[1] 恩格斯：《反杜林论》，人民出版社2015年版，第100页。

不平等是自然的；不同的是，杜林却要用"两个人"来证明人类的绝对平等是自然的。而就这"两个人"本身而言，恩格斯指出这样的人也是根本不存在的。因为他们没有阶级关系、没有民族、没有文化，是脱离了社会历史条件的抽象存在物。

恩格斯系统地阐述了无产阶级的历史观。平等是一个非常古老的概念："一切人，作为人来说，都有某些共同点，在这些共同点所及的范围内，他们是平等的，这样的观念自然是非常古老的。但是现代的平等要求与此完全不同；这种平等要求更应当是从人的这种共同特性中，从人就他们是人而言的这种平等中引申出这样的要求：一切人，或至少是一个国家的一切公民，或一个社会的一切成员，都应当有平等的政治地位和社会地位。"[1] 人之为人，总有一些共同点。平等的观念，正是基于人之为人这个共同点而产生的。但是，随着平等观念的长期发展，它已

18 世纪中叶卢梭发表《论人类不平等的起源和基础》，完善了国家起源学说；而 19 世纪恩格斯《家庭、私有制和国家的起源》一书的出版使国家起源说粲然大备。图为卢梭 文化传播 / 供图↑

......

[1] 恩格斯：《反杜林论》，人民出版社 2015 年版，第 108—109 页。

经远远超出了这个共同点的范围。

恩格斯正是在具体考察了平等观念发展的历史过程之后，进一步阐明了无产阶级的平等要求就是消灭阶级的历史唯物主义观点："从消灭阶级特权的资产阶级要求提出的时候起，同时就出现了消灭阶级本身的无产阶级要求。"[1] 总之，恩格斯对杜林平等观的批判主要表现在两个方面：一方面，恩格斯指出平等观念是历史的产物，而不是什么永恒真理；另一方面，恩格斯提出无产阶级平等要求的实际内容就是消灭阶级的科学论断，从而在根本上将无产阶级平等观与资产阶级平等观彻底厘清了。

第三，恩格斯在第十一章中，通过批判杜林在法学和人的自由问题上的观点，论述自由和必然的辩证关系。此章共由五十四个自然段构成。其中，第一至二十七段，主要阐述了杜林的法学观点；第二十八至三十一段，批判杜林在自由和必然问题上的形而上学和唯心主义观点；第三十二至三十七段，论述自由和必然的辩证关系；第三十八至五十四段，批判杜林用所谓的"差异规律"来提高生活价值的观点，以及杜林体验生活准则的庸人哲学。

在对自由和必然的问题的处理上，杜林显得混乱而自相矛盾。他先后给自由下了两个定义：其一，认为自由是合理的认识和本能的冲动的合力。也就是说，自由完全由人的主观的认识和冲动所决定，是与必然绝对对立而没有任何联系的纯主观的东西，是脱离客观必然的、绝对的自由。其二，认为自由依赖于必然，受自然规律的制约。在这里，自由对必然的依赖又成为绝对的了，杜林又完全否认了人的主观能动性。显然，杜林关于自由的两个定义是走了两

---

[1] 恩格斯：《反杜林论》，人民出版社 2015 年版，第 112 页。

个极端,是自相矛盾的,正如恩格斯所说:"这第二个关于自由的定义随随便便地就给了第一个定义一记耳光。"[1]

以此为基础,恩格斯系统地阐明了自由和必然的辩证关系。就自由与必然的关系而言,恩格斯强调自由是对必然的认识。人们的自由不可能脱离客观必然规律性,而只能在认识客观规律的基础上来实现。人们在现实的社会实践活动中,对客观必然性认识得越深刻,就会越自由;反之就会越不自由。自由不仅仅是对必然的认识,更是对必然的支配和运用。人类只有运用客观必然性,才会主动改造自然和人类社会,这才算是真正的自由。而必然性,一经认识,便会自动转化为自由,人们能够根据这种客观必然性为自己的行动规划出正确的方向和路线,从而达到预期的目的。就对自由的认识而言,恩格斯指出,自由是历史发展的必然产物:"自由就在于根据对自然界的必然性的认识来支配我们自己和外部自然;因此它必然是历史发展的产物。最初的、从动物界分离出来的人,在一切本质方面是和动物本身一样不自由的;但是文化上的每一个进步,都是迈向自由的一步。在人类历史的初期,发现了从机械运动到热的转化,即摩擦生火;在到目前为止的发展的末期,发现了从热到机械运动的转化,即蒸汽机。而尽管蒸汽机在社会领域中实现了巨大的解放性的变革——这一变革还没有完成一半——,但是毫无疑问,就世界性的解放作用而言,摩擦生火还是超过了蒸汽机,因为摩擦生火第一次使人支配了一种自然力,从而最终把人同动物界分开。"[2] 以前的人类历史,虽然还是在必然王国之中,但是不容否认,

---

[1] 恩格斯:《反杜林论》,人民出版社 2015 年版,第 120 页。
[2] 同上书,第 120—121 页。

它是我们人类走向自由王国的过渡。人们在发展社会生产力的同时，也增长自己的知识，即逐渐摆脱自然力的支配。也就是说，社会生产力的发展会使人们摆脱自然力量的支配，从而不断地、主动地支配自然。

不仅如此，恩格斯还进一步指出为了成为真正自由的人，人类不仅要支配自然规律，同时也要支配人本身赖以存在的社会规律。在阶级社会里，人们虽然开始逐渐摆脱自然力量的绝对支配，但是，出于这样的社会经济制度没有给予人们有意识地支配其社会关系的可能性。于是，人们仍然不能摆脱社会力量的支配。而提供这种可能的，只有社会主义社会。在社会主义社会中，没有阶级、没有任何对生产和生活资料的垄断，社会生产的不断发展是为了满足全体社会成员的需要。所以说，社会主义革命才是最终使人支配社会规律的过渡的开始。也就是说，只有在社会主义条件下，人们才在历史上第一次不仅支配自然规律，同时也支配社会规律，人们才在历史上第一次真正成为自由的人。

五、唯物辩证法的三个基本规律

《反杜林论》中的"辩证法"部分，主要是针对杜林《哲学教程》第一篇《存在的基本形式》第一章和第二章的内容展开的。主要是通过批判杜林对唯物辩证法的歪曲和攻击，进而系统地论述唯物辩证法的基本思想。本部分的内容由第十三章《辩证法。量和质》、第十四章《辩证法。否定的否定》这两章构成。

黑格尔曾就辩证法的矛盾规律和质变量变规律进行过较为系统

的论述。在黑格尔那里，辩证法的这两个规律是纯粹的思想规律。因此，马克思曾经指出："将近30年以前，当黑格尔辩证法还很流行的时候，我就批判过黑格尔辩证法的神秘方面。但是，正当我写《资本论》第一卷时，今天在德国知识界发号施令的愤懑的、自负的、平庸的模仿者们……把他当作一条'死狗'了。因此，我公开承认我是这位大思想家的学生……在他那里，辩证法是倒立着的。为了发现神秘外壳中的合理内核，必须把它倒过来。"[1]恩格斯进一步论证："错误在于：这些规律是作为思维规律强加于自然界和历史的，而不是从中推导出来的。由此就产生了整个牵强的并且常常是令人震惊的结构：世界，不管它愿意与否，必须适应于某种思想体系，而这种思想体系本身又只是人类思维的某一特定发展阶段的产物。如果我们把事情顺过来，那么一切都会变得很简单，在唯心主义哲学中显得极端神秘的辩证法规律就会立即变得简单而朗若白昼了。此外，凡是稍微懂得一点黑格尔的人都知道，黑格尔在几百处地方都善于从自然界和历史中举出最恰当的例证来证明辩证法的规律。"[2]马克思和恩格斯扬弃了黑格尔的辩证法。遗憾的是，杜林却复苏了早已退出历史舞台的黑格尔辩证法，将马克思主义的辩证法等同于黑格尔的辩证法。为了捍卫马克思主义的辩证法，恩格斯对杜林的观点，进行了全面的反击与批判。

第一，恩格斯在第十三章中，主要通过批判杜林对矛盾和质量互变规律的攻击，进而论证矛盾和质量互变规律的客观性和普遍性。该章共由四十一个自然段构成。其中，第一至十三段，主要通

---

[1]《马克思恩格斯选集》第2卷，人民出版社1995年版，第112页。
[2]《马克思恩格斯选集》第4卷，人民出版社1995年版，第311页。

过批判杜林矛盾是思想组合的观点，论述矛盾的客观性和普遍性；第十四至二十四段，主要通过批判杜林对《资本论》研究方法的攻击，论述一般和个别的辩证关系；第二十五至四十一段，主要通过批判杜林对质量互变规律的攻击，论述量变和质变的辩证关系。

首先，就矛盾规律而言，杜林是根本否认矛盾存在的。他指出："矛盾的东西是一个范畴，这个范畴只能归属于思想组合，而不能归属于现实。在事物中没有任何矛盾，或者换句话说，设定为真实的矛盾本身是背理的顶点……"可见，在杜林那里，矛盾只是存在于思想中的概念。对此，恩格斯分别从自然界、社会生活和人类思维的各个领域的角度，列举出大量具体的事实，说明矛盾普遍存在于客观世界中。恩格斯在批判杜林观点的同时，论述了矛盾规律的基本原理。恩格斯提出："运动本身就是矛盾；甚至简单的机械的位移之所以能够实现，也只是因为物体在同一瞬间既在一个地方又在另一个地方，既在同一个地方又不在同一个地方。这种矛盾的连续产生和同时解决正好就是运动。"矛盾客观地存在于一切事物和一切过程当中，是一切事物运动变化发展的源泉。事物的运动都是由其内部所包含的矛盾所引起的，连最简单的机械的位置移动也是如此。不仅矛盾普遍存在于客观世界中，就连人的主观思维领域当中，也不能避免矛盾："人的内部无限的认识能力和这种认识能力仅仅在外部受限制的而且认识上也受限制的各个人身上的实际存在这二者之间的矛盾，是在至少对我们来说实际上是无穷无尽的、连绵不断的世代中解决的，是在无穷无尽的前进运动中解决的。"[1] 总而言之，矛盾无所不在，世界本身就是一个充满了矛盾的组合体，……

---

[1] 恩格斯：《反杜林论》，人民出版社2015年版，第128页。

无时无处不有矛盾。矛盾规律是事物的普遍规律和发展过程的根本方法。只有深入分析事物自身，以及事物与外界之间存在的矛盾，才能正确地分析问题和解决问题。

其次，就量变质变规律而言，杜林直接认为马克思的量变质变规律是混乱的模糊观念，认为马克思是由于引证了黑格尔关于量转化为质的混乱模糊概念，而得出的滑稽结论。杜林主要是通过论证量的概念，不是和质的概念相对立，反而是同属的概念的观点来否认质量互变规律的。恩格斯对此一一作了批判。恩格斯指明："不是任何一个货币额或价值额都可以转化为资本。相反地，这种转化的前提是单个货币占有者或商品占有者手中有一定的最低限额的货币或交换价值。"[1] 恩格斯指出，马克思从对资本主义社会的不变资本、可变资本，以及剩余价值等的研究中，所得出的结论，绝不是"预付达到一定界限时……成为资本"，并不是任意的货币量都可以转变为资本的，而是

1867年8月16日深夜，马克思看完《资本论》第一卷最后一个印张校样后，立即写信给恩格斯，向他报告这一喜讯。图为马克思1867年8月16日给恩格斯的信　海峰／供图

1　恩格斯：《反杜林论》，人民出版社2015年版，第132页。

货币和商品所有者掌握最低限度的货币量,用以购买生产资料、支付工资、剥削他人劳动时,货币才转变为资本。马克思没有从黑格尔"量转变为质"出发推出自己的结论,相反,马克思证明的是量转变为质的正确性。

最后,恩格斯系统地阐述了质量转化的规律,认为量变和质变是事物运动的两种状态。量变指的是数量上的变化。因此,所呈现的是逐渐的、不显著的变化状态;而质变则是事物性质的根本变化,是突变和飞跃。量变是质变的准备阶段,质变是量变的必然结果。任何事物都是一定的量和一定的质的统一,一旦量变超过一定的限度,就会破坏事物原有的质量的统一,从而就会发生质变,进而出现新的质量统一,以及新的量变。恩格斯指出:"在上面说到世界模式论时,我们已经看到,由于黑格尔的度量关系的关节线——在这里,在量变的一定点上骤然发生质变——,杜林先生遭到了小小的不幸:他在意志薄弱的时刻自己承认而且运用了度量关系的关节线。"[1] 恩格斯认为,杜林在量变质变规律上是自相矛盾的,他一方面否认这个规律,另一方面又运用这个规律。不仅如此,恩格斯还运用大量事例论述了质量互变的规律,无论在自然界、社会,还是在人类思维中,都是普遍存在的。

第二,恩格斯在第十四章中,主要通过批判杜林对科学社会主义学说和唯物辩证法的攻击,论述否定是事物自身的规定性以及否定之否定是事物发展的普遍规律的思想。该章共由二十七个自然段构成。其中,第一至十一段,批判杜林对科学社会主义学说产生过程的歪曲;第十二段,论述作为世界观和方法论的唯物辩证法,不

---

[1] 恩格斯:《反杜林论》,人民出版社 2015 年版,第 133—134 页。

单单是简单的证明工具；第十三至十七段，主要论证否定之否定规律的客观性和普遍性。杜林认为《资本论》第一卷第二十四章第七节"资本主义积累的历史趋势"所得出的结论是借用黑格尔的三段式。否定之否定这个概念最早出自黑格尔哲学，是黑格尔哲学体系的基本规律之一。黑格尔总是用三段式来证明问题：第一段，正题，也就是肯定；第二段，反题，也就是否定；第三段，合题，也就是否定之否定。作为第三个阶段，否定之否定抛弃前两个阶段的消极东西，继承前两个阶段的积极东西，进而进入了高一阶段。黑格尔的否定之否定规律，在指出事物发展不是呈直线上升，而是曲折的、螺旋式上升的运动上，是正确的和科学的。但是，这个公式是用来描述绝对精神的发展，因此是唯心主义的。这反映出黑格尔辩证法的不彻底性。因此，无法证明社会主义革命的必然性，并且认为马克思所讲的社会主义所有制既是个人的又是公共的所有制。

杜林认为，马克思把黑格尔的否定之否定当作自己的证明工具："由于缺乏较好的和较明白的方法，黑格尔的否定的否定不得不在这里执行助产婆的职能，靠它的帮助，未来便从过去的腹中产生出来。"[1] 认为没有黑格尔否定之否定的帮助，马克思不可能从过去中推出将来，不可能从资本主义社会推出社会主义的必然性。

对此，恩格斯首先引用了《资本论》的一些段落来说明《资本论》的原意。接着，从有机界、地质学、数学和哲学等各个领域中，挖掘大量事实来说明否定之否定"是自然界、历史和思维的一个极其普遍的、因而极其广泛地起作用的、重要的发展规律"[2]。通

---

1 恩格斯：《反杜林论》，人民出版社 2015 年版，第 137 页。
2 同上书，第 149 页。

过对资本主义社会的深刻分析，马克思指出资本主义社会和其他一切事物一样，有其产生、发展和灭亡的过程。马克思指出资本主义私有制代替个人的、以自己劳动为基础的私有制的必然性，这就是第一个否定。而社会主义所有制代替资本主义所有制的必然性，则是第二个否定，即否定的否定。从而，恩格斯得出了资本主义必然灭亡，社会主义必然胜利的结论，为无产阶级确定其历史地位和社会责任指明了方向。正如马克思在《资本论》第一卷第二版跋中所明确指出的那样："我的辩证方法，从根本上来说，不仅和黑格尔的辩证方法不同，而且和它截然相反。在黑格尔看来，思维过程，即甚至被他在观念这一名称下转化为独立主体的思维过程，是现实事物的创造主，而现实事物只是思维过程的外部表现。我的看法则相反，观念的东西不外是移入人的头脑并在人的头脑中改造过的物质的东西而已。"[1]

以此为基础，恩格斯阐明了辩证的否定

1873年6月16日，马克思把《资本论》第1卷第二版赠给达尔文。1873年10月1日，达尔文回信向马克思表示感谢。图为达尔文给马克思的回信　海峰/供图↑

---

[1]《资本论》第一卷，人民出版社2004年版，第22页。

第三章　《反杜林论》第一编《哲学》的内容与结构　**125**

的基本观点，及其与形而上学的否定之间的本质区别。恩格斯指出，形而上学的否定观不是从事物自身的发展过程来看待否定的。因此，在他看来，否定就是不，或者简单宣称某一事物不存在；或者干脆把事物消灭掉。如此一来，事物的发展过程就自然中断了。辩证法的否定观认为，任何现存的、肯定的事物当中必然包含着否定的因素。否定是事物发展的必经环节，没有否定，新的事物就不可能产生，旧的事物也不可能灭亡。但是，辩证的否定不是简单地把事物处理掉，而是"扬弃"：肯定积极的，克服消极的，只有这样，事物才能不断由低级向高级、螺旋式地上升发展。

马克思主义的否定之否定规律不是马克思主义的出发点，而是马克思主义的必然结论。马克思从社会历史发展的过程中，科学地概括出人类社会历史是按照一定的规律发生和发展的。马克思主义哲学之所以是哲学发展中的伟大革命，就在于马克思主义哲学扬弃了以往哲学的优秀成果。因此，马克思主义哲学不是凌驾于以往哲学的、高高在上的科学的科学，而是科学的世界观和方法论。

六、从江湖骗子到"百科全书"

《反杜林论》的第十四章《结论》，概括了先前章节对杜林哲学观点的批判，是对杜林《哲学教程》批判的总结，结论就是杜林在《哲学教程》中许下的诺言一个也没有"履行"，杜林试图通过歪曲和攻击他人的思想，得出"终极的真理""创造体系的思想"的梦想成了空想，杜林是一个真正的江湖骗子。

相对而言，恩格斯在第十四章短小的篇幅中，主要完成了两项工作。

第一，言简意赅地整理了杜林在哲学方面的错误观点，以及杜林江湖骗子的实质。恩格斯指出："当我们读完全书的时候，我们懂得的东西还是和以前的完全一样，而且不得不承认，'新的思维方式'、'完全独特的结论和观点'和'创造体系的思想'的确已经给我们提供了各种新的无稽之谈，可是没有一行字能够使我们学到什么东西。这个人大吹大擂叫卖自己的手艺和商品，不亚于最粗俗的市场小贩，而在他的那些大话后面却是空空如也，简直一无所有——这个人竟敢把费希特、谢林和黑格尔这样的人叫做江湖骗子，而他们当中最渺小的人和杜林先生比起来也还是巨人。确实有江湖骗子，而那是谁呢？"[1]

恩格斯指出杜林这位江湖骗子最为本质的问题，在于他将机械唯物主义、实证主义和唯心主义折中混合出一个大杂烩，用空洞的语言夸夸其谈、掩盖问题的实质。正如列宁所总结的："恩格斯同杜林的全部斗争始终是在彻底贯彻唯物主义这个口号下进行的。恩格斯谴责唯物主义者杜林用空洞的字

杜林将费希特、谢林和黑格尔等人称作"江湖骗子"，恩格斯指出，其实真正的江湖骗子是杜林。图为黑格尔　文化传播 / 供图↑

---

[1] 恩格斯:《反杜林论》，人民出版社 2015 年版，第 154 页。

眼来混淆问题的实质，谴责他夸夸其谈，采用向唯心主义让步和转到唯心主义立场上去的论断方法。在《反杜林论》的每一节中都是这样提出问题的：不是彻底的唯物主义，就是哲学唯心主义的谎言和糊涂观点。"[1]

第二，恩格斯总结概括了第一编的主要内容和逻辑关系，那就是"一个立场、三个规律"。"一个立场"指的是从实践出发的辩证唯物主义立场；"三个规律"指的是对立统一规律、质量互变规律和否定之否定规律。恩格斯指出："这种新的社会主义理论是以某种新哲学体系的最终实际成果的形式出现的。因此，必须联系这个体系来研究这一理论，同时研究这一体系本身。"正是在同"这个体系"的论战中，恩格斯科学而系统地论述了马克思主义哲学的基本原理。将马克思主义基本原理，运用到现实的实践活动中去、运用到人类历史发展的过程中去，完整了马克思主义的三个组成部分——哲学、政治经济学和科学社会主义，阐明了这三个组成部分之间的内在联系，指出了辩证唯物主义和历史唯物主义是科学的世界观和方法论，总结了马克思主义作为完整的、科学的体系诞生后无产阶级革命的经验和自然科学发展的成就。从这个角度，可以说，一部马克思主义真正的"百科全书"诞生了。

---

[1] 《列宁全集》第18卷，人民出版社2017年版，第354页。

第四章 《反杜林论》第二编《政治经济学》的内容与结构

从生产和分配之间的辩证关系角度来看,资本主义的分配与资本主义的生产是统一的,两者是不可分割的,不可能出现保留一个消灭一个的结果。

在第一编中，恩格斯主要批判杜林唯心主义和形而上学的哲学观点；而在第二编中，恩格斯则主要批判杜林唯心主义的庸俗政治经济学观点。马克思主义政治经济学是马克思主义理论的三个基本组成部分之一。列宁曾深刻指出："马克思的经济学说就是马克思理论最深刻、最全面、最详细的证明和运用。"马克思主义政治经济学科学阐明了人类社会发展的客观规律，揭示了资本主义必然灭亡，社会主义必然胜利的客观规律。对于理解科学社会主义理论意义重大。

恩格斯指出，在杜林那里，社会的经济规律和历史无关，而是永恒不变的自然规律。因此，研究历史规律，无需结合任何具体的历史，只需进行逻辑上的推理即可。于是，杜林便将其唯心主义、形而上学运用到政治经济学中，从抽象的两个人出发，将不平等归因为暴力使然；进而，将暴力作为其政治经济学的理论基础，推出如下结论：政治经济学是永恒真理的自然规律、过去的历史因都是不平等的而是一文不值的、资本主义社会的私有财产和雇佣劳动是合乎人性的、资本主义社会的分配制度是不合理的，等等。

恩格斯在本编中，通过系统地论述马克思主义政治经济学的基本理论，对杜林的政治经济学，作出批判。首先，恩格斯指出，作为一门社会科学，政治经济学的研究对象是人类的社会物质资料的生产。人类要生存，就必须进行生产，生产是社会的生产，人们在生产中，就会形成一定的生产关系。在生产关系中，最主要的是生产资料的所有制形式,还有交换关系、分配关系,等等。这些构成政治经济学的研究对象,而政治经济学就是通过研究不同社会、国家的上述对象,来把握不同社会和国家的性质和特点。其次,政治经济学的研究对象也决定了政治经济学是一门社会历史科学,社会生产随着社会历史不断发展,而社会生产的发展是从生产力的发展开始的,生产力发展变化,必然要求生产关系发生相应的发展变化,以适应新的生产力发展的要求,促进生产力的进一步发展。然而,当生产关系的发展不能适应生产力发展的新要求时,生产关系就会成为生产力发展的阻碍因素。不仅如此,不同的社会,有不同的生产方式、交换方式和分配方式。政治经济学就是要通过研究这些对象,认识不同社会的经济规律。最后,政治经济学具有阶级性。在阶级社会中,由于人们在生产关系中的地位不同,对生产关系的认识就会不同,对政治经济学的看法也会不同。统治阶级总是希望让现行的生产关系持续化,而被统治阶级则往往代表着新的生产关系。马克思主义政治经济学,就是为无产阶级服务的。

第二编《政治经济学》共包括十章内容。其中,第一章《对象和方法》是政治经济学的总纲和指导思想;第二至四章,主要批判杜林经济学体系的基础和指导原则:唯心主义暴力论;第五至九章,通过批判杜林的价值理论,论述劳动创造价值的基本原理;第十章,批判杜林在经济学说上的历史主义错误。

一、马克思主义政治经济学的研究对象和方法

马克思主义政治经济学认为,政治经济学主要通过研究不同的

社会生产关系，揭示其性质。具体包括：生产资料的所有制形式、分配形式、人与人之间的关系等，把握不同社会、国家的政治经济状况。因为不同社会的经济状况不是一成不变的，而是不断发展变化的。所以，就呈现出不同社会形态的发展变化。政治经济学的任务就是揭示这些发展变化着的社会经济规律。具体包括：原始社会、奴隶社会、封建社会、资本主义社会和共产主义社会这五大社会经济形态。在具体的论证方式上，恩格斯采取的是正反两部分法：一部分正面论述；另一部分反面批判。

第一，在正面论述部分，恩格斯论述了马克思主义政治经济学的研究对象和方法。在该章的开头，恩格斯就给政治经济学的该对象下了一个明确的定义："政治经济学，从最广的意义上说，是研究人类社会中支配物质生活资料的生产和交换的规律的科学。"[1] 作为一种社会科学，政治经济学所研究的对象是生产和交换，研究支配物质资料生产和交换的特殊规律，以及两种特殊规律之间相互制约和相互影响的规律；作为一门历史科学，政治经济学所涉及的是历史性材料。因此，政治经济学的研究要根据不同时代、不同国家的不同经济条件来研究生产和交换规律的特殊性。因为，只有在研究了这些特殊性之后，才能概括出普遍性的规律。

生产是社会生活的基础。人们在生产过程中必然形成两种关系：人与自然的关系，即生产力；人与人的关系，即生产关系。生产力和生产关系结合成具体的生产方式。正是生产力和生产关系相互作用的矛盾关系，推动社会生产的发展。然而，生产不是目的，生产有生产之外的目的，那就是生活、消费，这就涉及生产出的产

---

[1] 恩格斯：《反杜林论》，人民出版社2015年版，第155页。

资本主义社会是马克思主义政治经济学的研究对象之一。1640年开始的英国资产阶级革命标志着人类社会的发展进入资本主义时代。图为英国议会会场
海峰/供图↑

品如何分配的问题，而分配要有分配形式。那么，如何分配往往就取决于生产资料的所有制。资本主义社会，生产资料归资本家所有，所以工人生产出的绝大多数财富，分配给了资本家。而作为生产者的工人，则过着赤贫的生活。

在论述了生产和交换的辩证关系之后，恩格斯又分析了生产、交换同分配的辩证关系。恩格斯指出，一方面，特定的分配方式是由一定的生产和交换方式所决定的；另一方面，分配对生产和交换有一定的反作用。分配不仅是生产和交换的产物，它还反过来影响生产和交换。这就是说，同新的生产方

式和交换方式相适应的分配方式，对生产和交换起促进作用；而随着社会生产的发展，分配方式会由适应变为不适应，最终，与生产和交换发生冲突。进而，阻碍生产和交换的正常进行。

然而，在生产力和生产关系的矛盾中，生产力是最革命、最活跃的，起主导作用的因素，这就决定了生产关系一定要适应生产力的发展水平，一旦生产关系不能适应生产力的发展，就会成为阻碍生产力发展的因素，就需要变革生产关系，促成新的生产方式。因此，生产方式不是一成不变的，生产方式的发展变化，必然引起分配方式的变化。所以，必须从历史的角度去研究，才能把握生产方式、分配方式的特点。

尽管资本主义的生产方式所创造的生产力，比以往一切时代所创造的全部生产力还要多还要大，但是，在财富分配上却造成了两个极端：暴富的资本家和贫困的雇佣工人。分配方式导致贫富分化，贫富分化的最终结果必然是资本主义生产方式和交换方式的没落，甚至是灭亡。因此，恩格斯明确指出，马克思主义政治学的任务就在于："证明现在开始显露出来的社会弊病是现存生产方式的必然结果，同时也是这一生产方式快要瓦解的征兆，并且从正在瓦解的经济运动形式内部发现未来的、能够消除这些弊病的、新的生产组织和交换组织的因素。"[1] 随着社会的发展，生产的社会化，同资本主义生产资料私有制之间的矛盾日益凸显，资本主义分配方式不适应生产力发展的矛盾日益尖锐化，分配与生产的矛盾，发展到只有改变原有的生产关系，才能解放生产力，建立新的生产方式。也就是说，资本主义社会自身的发展，必然要为社会主义所取代。

...

[1] 恩格斯：《反杜林论》，人民出版社 2015 年版，第 158 页。

第二，在反面批判部分，一方面，恩格斯批判了杜林把政治经济学的研究对象说成是一切经济的最一般的自然规律的观点，以及企图在经济学研究领域中确立终极的真理的做法。恩格斯一针见血地指出，杜林关于"永恒的自然规律""终极真理"的说法不过是对18世纪资产阶级古典政治经济学的直接抄袭。不同的是，18世纪的经济学家认为资本主义制度是唯一符合人性的、能让自然规律充分发挥作用的制度；而杜林则认为资本主义制度是邪恶的，而只有到了他所设计的"共同社会"，正义和公平才能实现。如果说18世纪资产阶级的经济学家的理论，还建立在18世纪的经济、社会和历史条件的基础之上的话，那么，杜林的抄袭行为，则既脱离了彼时的社会历史条件，又脱离了此时的历史条件，那就是，无产阶级已经成为一种独立的政治力量，登上了历史舞台。另一方面，恩格斯批判了杜林"暴力决定分配"的观点。杜林认为分配是和生产不相关的另一个过程，那么，分配就自然有了其决定性的要素——暴力。在杜林看来，不平等的起源、私有财产的出现，都是因为一个人对另一个人使用暴力而成。因为暴力，一个人让另一个人为其工作，且在工作成果上，

中国20世纪70年代出版的《政治经济学》（资本主义部分）封面　阎建华/供图↑

进行不平等的分配。正因为过去的一切历史都是暴力使然，所以暴力是绝对的恶事，过去的历史一文不值。

恩格斯明确地指出，历史上的不平等，其根源并不是暴力，而是一定的经济条件。以历史唯物主义为方法论，恩格斯系统地考察了从原始社会到奴隶社会，私有财产产生的过程；考察了资本主义社会生产资料私有制的产生过程。从现实的社会历史中总结归纳出，是生产力的发展，造成了生产关系的变革。因此，分配不平等的产生，也是以劳动者剩余劳动为基础的。如果没有剩余劳动和剩余产品，就没有可剥削的东西存在，也就不可能存在各种形式的分配的不平等，所以分配的不平等并不是暴力的结果，而是由客观的经济条件所决定的。因此，恩格斯分析道，杜林所说的"政治关系的形式是历史上基础性的东西，而经济的依存不过是一种结果或特殊情形，因而总是次等的事实"[1]，将政治暴力作为社会发展的原因，经济关系是服从于政治关系的，因此，社会历史中的不平等、私有财产等都是暴力的结果，是政治行为。恩格斯认为杜林完全颠倒了政治与经济的关系，否定了社会历史发展的客观规律是由经济因素决定的，进而也否定了暴力在一定社会历史条件下的革命作用。

恩格斯进一步指出："目的比用来达到目的的手段要具有大得多的'基础性'，同样，在历史上，关系的经济方面也比政治方面具有大得多的基础性。"[2] 杜林把暴力看作出发点，把经济关系列入从属地位，其实质是唯心史观在经济问题上的体现，严重颠倒了经

---

[1] 恩格斯：《反杜林论》，人民出版社2015年版，第168页。
[2] 同上书，第170页。

济基础和上层建筑之间的关系。恩格斯指出，与杜林先生的观点恰恰相反，经济利益才是目的，暴力仅仅是手段。暴力的作用，不论大小，归根结底都是由经济关系所决定的。然而，马克思主义者并不否认暴力在一定的社会历史条件下，作为手段，而起到的积极的，甚至是决定性的作用。

二、经济与政治暴力的关系

"经济与政治暴力的关系"部分主要是由第二至第四章构成的。恩格斯运用辩证唯物主义和历史唯物主义的基本观点，集中批判了杜林庸俗经济学中关于暴力论的基本观点。以此为基础，恩格斯还系统地、历史地考察了私有财产的产生和发展过程。

第一，恩格斯批判了杜林的暴力论。暴力论是杜林政治经济学的基础和出发点。杜林的暴力论主要由三个核心内容构成：政治暴力是经济产生的根源；人对物的统治是建立在人对人的统治基础之上的；暴力是绝对的坏事。对此，恩格斯逐一做了批判。

首先，批判了杜林关于政治决定经济的理论，阐明暴力为经济基础服务的观点。在第二章的开头几段，恩格斯先是系统论述了杜林关于政治与经济关系的观点：杜林认为政治在历史中，是居于基础性的东西，而经济总是次等的；杜林认为政治是目的，经济是实现政治目的的手段。因此，历史发展中，最为本源的东西必须从直接的政治暴力中去寻找，而不应从间接的经济力量中去寻找；杜林指出："只要人们把政治组合不是看做达到自己目的的出发点，而仅仅把它当做达到糊口目的的手段，那么不管这些人看来是多么激

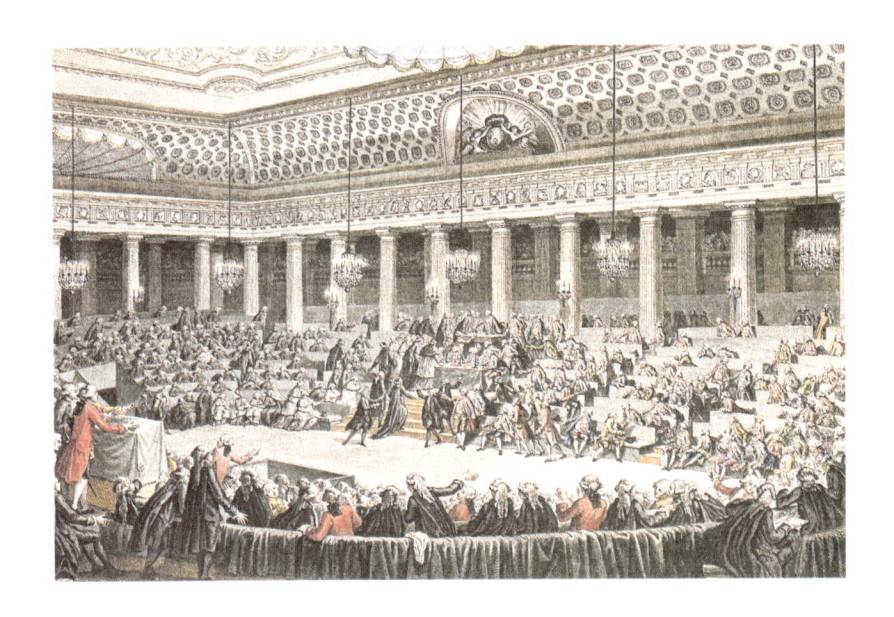

进社会主义的和革命的，他们总是包藏着一部分隐蔽的反动性。"[1] 杜林以此来攻击马克思主义政治经济学的观点。

恩格斯对杜林的批判，始于他明确指出杜林的上述观点，只是简单地宣布和提出，并没有为这些观点提供任何的论据；同时，恩格斯还明确指出杜林所鼓吹的暴力论并不是什么"独特"理论，反而是唯心史观的固有观念。而在历史唯物主义创立以前，唯心史观一直占据统治地位。这种观点完全颠倒了经济与政治暴力的关系。这个关系，正如

1789年8月，法国制宪会议通过法令宣布废除封建制度，并确立私有财产权等资本主义的基本原则。图为1789年法国制宪会议会场　文化传播/供图↑

---

[1] 恩格斯：《反杜林论》，人民出版社2015年版，第168页。

恩格斯所指出的那样:"暴力仅仅是手段,相反,经济利益才是目的。目的比用来达到目的的手段要具有大得多的'基础性',同样,在历史上,关系的经济方面也比政治方面具有大得多的基础性。"

恩格斯指出,经济现象不能用政治暴力来解释,反而,政治暴力却需要用经济原因解释。经济是基础,而政治暴力是上层建筑,归根到底,上层建筑是由经济基础决定的,并为经济基础服务的。

其次,批判了杜林关于人对物的统治建立在人对人的统治的基础之上的观点。杜林认为人类对自然界的统治,必须建立在人对人的统治之上。因为,如果没有人对人的奴役,即强迫某些人从事某种形式的奴隶的服役,那种大面积的生产经营是根本不可能实现的。因此,大规模的农业更是在建立起对大规模土地的统治权以前,必须建立相对应的对人的奴役。单个人及单个家庭的力量毕竟是有限的。即便是在现代资本主义国家,大规模土地的支配和占有,也是以资本主义雇佣劳动制度为基础的。

恩格斯通过列举大量的历史事实来批判杜林关于大面积地产要以人对人的奴役为前提的论断。恩格斯指出,在原始社会并不存在所谓的大地主,当时,大面积的生产经营是由土地公有的氏族公社完成的。在氏族公社中,主要的耕种方式是共同耕种,或者把土地在一定时期内分配给各个家庭分别耕种,那时,根本不存在大土地所有者。因此,恩格斯指出杜林的论断是对历史的无知而得出的。不仅如此,恩格斯还进一步考察了产生阶级的根本原因。归纳出阶级主要是通过两种方式得以产生的:第一种是剩余产品的出现。由于生产力的发展,出现了剩余产品。公社的公职人员就可以不参加劳动而生活,这些人的公职后来逐渐成了世系、统治者。这主要是从公社内部分化出剥削者的上层。第二种方式是奴隶的出现。随着生产的发展，开始出现奴隶。奴隶最初来自战俘，后来，部落内部那些因贫穷而负债的人，也逐渐沦为奴隶。从这两种方式的任何一种来看，无不是经济发展的必然结果。

最后，批判了杜林关于暴力是绝对的坏事的观点。杜林认为政治权力决定经济，因此，政治暴力对经济发展百害而无一利，是绝对的坏事。杜林指出暴力玷污了迄今为止的整个人类历史，因为暴力的任何应用都会使那些用暴力的人的道德堕落，进而强迫德国的政党接受他的传教士式的和平主义，并反对无产阶级的暴力革命。

恩格斯考察了上层建筑对经济基础的反作用，指出：一方面，政治权力是由经济基础决定的；另一方面，政治权力一旦形成，就会具有一定相对的独立性，反过来影响经济基础。这种影响主要表现在两个方面：一是促进生产的发展；二是阻碍生产的发展。暴力革命就是为了推翻阻碍经济基础发展的政治权力的，政治暴力就是为经济基础服务的。因为经济基础的发展是历史的必然趋势，它最终总是要推翻与之不适应的上层建筑。

恩格斯进一步强调，革命暴力"是每一个孕育着新社会的旧社会的助产婆；它是社会运动借以为自己开辟道路并摧毁僵化的垂死的政治形式的工具"[1]。以往历史上的每一次旧社会向新社会的过渡，必然要经过暴力革命才得以完成。历史上每一次革命的胜利，一方面，是为了解放生产力；另一方面，也给使用暴力的人民群众带来道德和精神上的巨大高涨。无产阶级也只有通过暴力革命，粉碎资产阶级的国家机器，建立起无产阶级专政的新的政治形式，才能改变旧的生产关系，从而为新的社会生产力开辟道路。正因如此，可

1　恩格斯：《反杜林论》，人民出版社2015年版，第195页。

以说,暴力革命是无产阶级获得解放的必经之路。

第二,恩格斯论述了私有制产生和发展的历史过程。杜林认为现代的所有制,即资本主义私有制,也是基于暴力的所有制:"这样一种统治形式,这种统治形式的基础不仅在于禁止同胞使用天然的生活资料,而且更重要得多的是在于强迫人们从事奴隶的劳役。"[1]

恩格斯批判杜林的观点是把全部关系弄颠倒了。历史地看,私有财产在历史上的出现绝不是掠夺和暴力的结果。在原始的公社制度下,生产资料完全公有,只有少数物品,如随身携带的武器、衣物、装饰品等是个人财产。到了原始公社末期,由于生产的发展,出现了分工和剩余产品,集体劳动逐步过渡为个体劳动,平均分配制度逐渐消失。后来由于社会分工的扩大,进一步促进了交换的产生和发展,最初是公社之间的交换,后来在公社成员内部交换。交换扩大了公社成员之间财产的不平等状态,促进了私有制的产生。整个过程丝毫没有暴力的影子。到了封建社会末期,资本主义经济大工业开始萌芽,家庭手工业最终解体。原来土地公有的时候,是分配给各家使用,后来,土地私有了,家庭世系也逐渐变为私有。这里同样与暴力没有丝毫的关系。同样,资本主义生产方式也不能用暴力来解释,而是商品生产的产生与发展的必然结果。商品生产瓦解了原始公社的土地公有制,商品生产达到一定的发展程度必然转变为资本主义生产。而商品生产到资本主义生产经历了一个漫长的发展过程:最初是简单的商品生产。这种生产在价值规律的作用下,造成商品生产者之间产生了竞争。在竞争中,优胜劣汰。一部

---

[1] 恩格斯:《反杜林论》,人民出版社2015年版,第171页。

分人（占少数）成为资本家，占有大量的生产资料和生活资料；而另一部分人（占大多数）则破产，即由原来的小生产者变为一无所有的无产者，进而，成为资本家的雇佣工人。资本主义私有制和资本主义生产方式就是这样产生的，与杜林所谓暴力全无关联。

在人类长期的社会发展过程中，暴力虽然可以改变占有生产资料的基本状况，但却不足以构成私有制产生的本源。私有制的产生、更替和消亡，不是政治暴力，而是社会经济发展的最终结果，是生产力和生产关系之间矛盾斗争的必然结果。

三、马克思主义政治经济学的基本理论

在第二编的前四章中，恩格斯主要论述了人类的不平等以及私有财产的起源问题。从本部分开始，恩格斯进入系统地研究政治经济学专门问题的阶段。本部分的研究主要由第五至第九章构成。其中，第五、第六章主要论述通过批判杜林，阐明马克思主义政治经济学价值论的基本观点；第七至第九章则主要论述剩余价值的基本理论。其中，马克思主义政治经济学的价值理论又是马克思剩余价值学说的理论基础。

第一，恩格斯阐述了马克思主义政治经济学的价值理论。恩格斯在第五章《价值论》和第六章《简单劳动和复合劳动》中，通过批判杜林唯心主义的、以暴力论为基础的资产阶级庸俗经济学的价值理论，论证并捍卫了马克思的劳动价值论。

首先，恩格斯批判了杜林对劳动的基本观点。杜林认为："欲望和情欲的满足有赖于经济障碍的克服，这是自然界的外部结构

和人的内在本性的有益的基本规律。"[1] 人的欲望来自自然规律,人是不能超越这种规律的,如果超越了这种自然规律,人势必会厌倦生命、离开社会,甚至走向死亡。因此,人要通过劳动满足欲望。也就是说,人只有通过劳动克服经济障碍,满足欲望,才符合人性的自然规律。恩格斯批判了杜林对劳动的基本观点。认为杜林对劳动的基本观点,本质上就是一种资产阶级的劳动说教,"尽情劳动吧,劳动就是生活,劳动人民就应该安心于繁重的体力劳动,这是自然规律决定的"。

恩格斯进一步指出,劳动的基本观点是关于财富和其他价值观点的出发点,只有在揭示了杜林关于劳动和财富问题出发点上的问题之后,才能深刻地认识到杜林整个价值体系的问题。

杜林认为,劳动是自然规律,是对欲望的平衡力。人的欲望由劳动加以平衡,因而是有限度的,任何一种实际的劳动都是健康

恩格斯在《反杜林论》中通过批判杜林资产阶级庸俗经济学的价值理论,有力捍卫了马克思的劳动价值论。图为恩格斯的第一国际会员证　海峰 / 供图 ↑

---

[1] 恩格斯:《反杜林论》,人民出版社 2015 年版,第 197 页。

人的自然规律。马克思指出，不管是劳动也好，还是欲望也罢，都无一例外是社会现象。它们既是单纯的个人的行为，也是符合自然规律的自然现象。人类的欲望随着人类整个社会生产力的发展而不断发生变化，在人类历史的不同发展阶段，人们需要什么，自然规律是决定不了的，这些都是由社会生产力的发展水平和人们在生产关系当中所处的地位所决定的。比如，在生产力水平极其低下的原始社会，人们不可能出现对小汽车、电视机等的欲望。在生产力高度集中的资本主义社会里，生产资料归资本家所有，工人的劳动非但不是出于天性，反而是被强制的谋生手段："因此，他的劳动不是自愿的劳动，而是被迫的强制劳动。因此，它不是满足劳动需要，而只是满足劳动需要以外的那些需要的一种手段。"[1]

不仅如此，恩格斯还为杜林脱离具体的历史内容而谈永恒自然规律的劳动观点，找到了根源。18世纪的德国教育家罗霍夫曾在其《儿童之友》一书中提出过类似的观点。书中对改变生产关系、变革社会制度只字不提，只是一味地要求农民和手工业者的子弟安分守己于旧的制度。书中使用大量篇幅劝诫人们要接受剥削和压迫，要把劳动看成是快乐，因为劳动是劳动者的天性，是符合自然规律的最美好的自然现象。比照的结果一目了然。以社会主义者自居的杜林，不仅同样对社会制度的变革只字不提，反而大肆宣扬劳动是劳动者的天性的自然规律。不仅如此，杜林还认为劳动是符合自然规律的自然现象是最新的政治经济学的绝对基础性的东西。恩格斯深刻批判了杜林关于劳动的观点，不过是罗霍夫最庸俗的陈词滥调。

[1]《马克思恩格斯选集》第1卷，人民出版社1995年版，第43—44页。

其次，恩格斯批判了杜林对财富的基本观点。杜林在他的《经济学教程》中开宗明义地指出："到现在为止的经济学的主要概念叫做财富，而财富，正像它直到现在真正地在世界历史上被理解的那样，像它的领域被人们所阐述的那样，是'对人和物的经济权力'。"[1]杜林认为劳动是经济学的基础，财富则是经济学的研究对象，而杜林把财富作为经济学研究对象的做法，暴露了他资产阶级经济学的本质。从古典学派创立之始，到后来的庸俗学派，再到当代的各个学派，资产阶级经济学无不是以如何增加社会财富作为其研究对象的，而把财富作为经济学研究对象又是由资产阶级的本性所决定的。不仅如此，杜林为财富所下的定义"对人和物的经济权力"将财富等同于经济权力，即对人和物的支配权。进而把财富分为生产的财富和分配的财富，并认为生产的财富实现了对物的支配权；分配的财富实现了对人的支配权。在这两者中，前者是好的，应该提倡和持续；而后者是不好的，应该摒弃。

恩格斯指出杜林对财富所下的定义，一方面，割断了对物的支配和对人的支配之间的关系，隔断了生产和分配之间的关系，隔断了生产资料的私人占有和对人的剥削的关系，目的无非是要把财富从经济领域做到道德领域；另一方面，杜林的财富定义，目的是说明资本主义生产方式是好的与合理的。这是将杜林的财富定义运用到资本主义生产方式中的必然结果。问题在于资本主义生产方式是好的，但是，资本主义的分配方式却是不好的。这很明显是从道德观点来看待经济观点和财富观点，实质是为了掩盖剥削阶级财富的真正来源。恩格斯深刻指出，从生产和分配之间的辩证关系角度来

......

[1] 恩格斯：《反杜林论》，人民出版社2015年版，第197页。

看，资本主义的分配与资本主义的生产是统一的，两者是不可分割的，不可能出现保留一个消灭一个的结果。

不仅如此，从经济学基本理论上来讲，杜林对财富的定义也是不正确的。其一，不是在任何社会中，财富都是对人的支配。在古代的氏族公社社会中，财富就不是对人的支配；在未来的共产主义社会，财富同样不是对人的支配。财富只有在阶级对立的社会当中，才是对人的支配。其二，在阶级对立的社会中，财富所包含的对人的支配，几乎完全是依靠对物的支配来实现的。换句话来说，财富对人的支配是通过其对物的支配来实现的。恩格斯列举了在奴隶社会，奴隶主通过对生产资料和生活资料的支配来支配奴隶；在封建社会，地主通过土地来支配农民；在资本主义社会，资本家通过生产资料来支配雇佣工人，都证明了这一点。恩格斯深刻地总结出杜林对财富错误的观点，一方面，在于他对生产和分配之间的关系不具备起码的常识；另一方面，则在于他维护资本主义剥削制度这一本质。

再次，恩格斯批判了杜林对价值的基本观点。杜林将价值定义为："'价值是经济物品和经济服务在交往中所具有的意义。'这种意义相当于'价格或其他任何一种等价物名称，如工资'。"[1]在杜林看来，价值就是价格。以此为基础，杜林提出了五种关于价值的理论。一是生产价值理论。杜林认为："价值是根据'自然界和各种条件对创造活动的阻力来估价的……我们在它们〈物品〉里面所投入的我们自己的力量的多少，就是一般价值和某一特定的价值量存

---

[1] 恩格斯:《反杜林论》，人民出版社2015年版，第198页。

在的直接的决定性原因。'"[1] 在杜林看来,这种来自自然界的生产价值认为任何产品都会遇到自然界的抵抗,为了克服自然界的抵抗,就要投入力量,正是这种力量决定了物品的价值,而投入力量的大小则决定物品价值量的大小。二是分配价值理论。杜林指出:"除了自然界所造成的阻力……还有另一种纯社会的障碍……在人和自然界之间出现一种阻碍的力量,而这种力量仍旧是人。想象中的唯一的和孤立的人对自然界是自由的……只要我们想到第二个人,这个人手持利剑,占据通向自然界和自然资源的入口,要求某种形式的入门费,那情况就不同了。"[2] 杜林在此引入两个假设的人来说明分配价值的确定。其中,第一个人不仅要克服自然抗力,还要克服社会障碍,所以,第一个人分配到的价值远远小于其所创造的价值。三是劳动价值理论。杜林为了在生产价值和分配价值之间找到一种纯洁性的、共同的东西,于是,设想出了由劳动时间计量的价值理论。他认为:"只有在支配非生产出来的物品的权力,或者更通俗地说,这些物品本身,同具有真正生产价值的劳动或物品相交换的地方,分配价值或占有价值才纯粹地或绝对地存在。"[3] 四是再生产价值理论。杜林认为,劳动"归结为生存时间,而生存时间的自我维持又表现为对营养上和生活上一定数量的困难的克服"[4]。杜林试图用再生产的费用来决定价值。五是工资价值理论。杜林认为,产品价值由劳动时间决定,劳动时间等于生存时间,而生存时间等于生活费用,生活费用等于工资。所以,商品的价值最终是由工资计

---

[1] 恩格斯:《反杜林论》,人民出版社 2015 年版,第 199 页。
[2] 同上书,第 200 页。
[3] 同上书,第 203 页。
[4] 同上书,第 204 页。

量的。

恩格斯批判了杜林对价值的定义。恩格斯认为杜林关于价值的定义，除了将价值和价格等同，一个以货币表现、另一个不以货币表现之外，根本没有说明什么是价值，它是怎么决定的。因此，"如果黑格尔不是早已死去，他或许会上吊的。即使他把全部神学逻辑都用上，也造不出这样一种有多少价格就有多少不同的价值的价值"[1]。

以此为基础，恩格斯提出了马克思主义政治经济学的价值定义。价值指的是商品的价值，商品的价值由劳动创造，但价值本身不能自己表现自己，而是通过商品交换才能表现出来。交换过程中，价值以货币的形式表现出来，即价格。价格以价值为基础，但是，却不是价值本身。因为由于供求关系等的影响，价格通常只是围绕价值上下波动，而很少同价值保持一致。接着，恩格斯逐一批判了杜林的五种价值理论。就生产价值理论而言，恩格斯指出，商品的价值是由创造商品的必要劳动时间决定的，而不是杜林所谓的一切劳动时间决定的；就分配价值理论而言，恩格斯指出政治暴力创造不出任何价值："如果利剑具有杜林先生所赋予的经济魔力，那么，为什么没有一个政府能够长期地硬使坏货币具有好货币的'分配价值'，或者硬使纸币具有黄金的'分配价值'呢？在世界市场上发号施令的利剑在什么地方呢？"[2]

就劳动价值理论而言，恩格斯指明杜林理论的自相矛盾和内部混乱：如果商品的价值由商品所包含的人力来决定，那么就必然与

---

[1] 恩格斯:《反杜林论》，人民出版社 2015 年版，第 199 页。
[2] 同上书，第 202 页。

分配价值理论中用利剑、暴力来决定相矛盾；就再生产价值理论而言，恩格斯指出杜林的再生产价值理论继承了美国资产阶级庸俗经济学家凯里的再生产费用论，即宣扬商品价值由工资和资本利润构成；就工资价值理论而言，恩格斯指出工资是劳动力价值或价格的转化形式。工人把劳动力出卖给资本家，得到工资。作为一种商品，劳动力的价值是由生产这种商品所花费的劳动时间决定的，而不是由工资本身决定的。就杜林的五种价值理论的关系而言，杜林认为生产价值是真正的、绝对的价值，是由花费的力量来计量的，而分配价值则来自暴力。因此，真正的、绝对的价值不可能存在于当时的现实社会，而只存在于未来的理想社会。那时，分配价值将被彻底废除。废除绝对价值正是杜林社会改革的核心。由此可见，价值理论在政治经济学中占有极其重要的地位。而在价值理论中，又尤以生产价值和分配价值最为重要。而其生产价值理论的错误决定了其整个价值理论体系的错误。

最后，恩格斯批判了杜林的"劳动等价论"。杜林认为价值是由劳动时间计量的，一切劳动时间都是完全等价的，没有复杂劳动和简单劳动之分。从而把劳动所创造的价值和劳动力的价值相混淆，在根本上否定马克思的劳动价值论。恩格斯批判了杜林小资产阶级的绝对平均主义的价值理论，阐发了马克思主义关于复杂劳动和简单劳动的基本原理，阐明了劳动本身没有价值的原理。一方面，恩格斯指出，计量价值的基础是对各式各样的劳动作出区分，其中，主要是要区分复杂劳动和简单劳动在计量商品价值时，应以简单劳动为单位，复杂劳动在计量价值时，也要首先还原为简单劳动。另一方面，恩格斯指出："谈论劳动的价值并且想确定这种价值，这等于谈论价值的价值，或者想确定重量本身的重量，而不是确定一个有重量的物体的重量。"[1] 在严格区分劳动和劳动力的基础上，恩格斯指出劳动本身是没有价值的。在资本主义制度下，成为商品的是劳动力而不是劳动。杜林恰恰把劳动和劳动力相混淆，把劳动创造的价值与劳动力的价值相混淆，从而才得出劳动具有价值的结论，掩盖了资本主义剥削的本质。

第二，剩余价值理论。在这一部分，恩格斯通过批判杜林对马克思主义政治经济学关于资本和剩余价值学说的攻击，阐明马克思主义的资本概念和剩余价值理论。本部分由第七章《资本和剩余价值》、第八章《资本和剩余价值（续完）》和第九章《经济的自然规律。地租》构成：通过批判杜林，阐明马克思主义政治经济学的资本概念；通过批判杜林，阐明马克思主义政治经济学的剩余价值理论；通过批判杜林，揭露资本主义地租的本质。

首先，恩格斯通过批判杜林，阐明马克思主义政治经济学的资本概念。就资本的本质和产生而言，杜林认为："关于资本，马克思先生首先不是使用流行的经济学概念，即资本是已经生产出来的生产资料，而是企图创造一种更专门的、辩证的历史的观念，这种观念无异于玩弄概念和历史的变态术。他说，资本是由货币产生的。"[2] 在杜林看来，马克思认为资本是由货币产生的。

对此，恩格斯明确指出，马克思的确通过考察资本产生的历史和现实运动得出商品流通的最后产物是资本的最初表现形式的科学结论。但是，马克思认为货币是资本的最初表现形式，不等于说资本就是由货币产生的。恰恰相反，货币和资本是两个根本不同的经

---

[1] 恩格斯：《反杜林论》，人民出版社2015年版，第212页。
[2] 同上书，第214页。

杜林混淆劳动创造的价值与劳动力的价值，所以才得出劳动具有价值的结论，从而掩盖了资本主义剥削的本质属性。图为19世纪美国南方种植园中采摘棉花的黑奴　文化传播/供图↑

济范畴，反映的是根本不同的生产关系。货币是充当一般等价物的特殊商品，体现的是商品生产者之间的生产关系；资本是产生剩余价值的价值，体现的是资本家与雇佣工人之间的关系。只有在特定生产关系下，货币才能转化为资本。但是，转化不等于产生；资本表现为货币不等于产生于货币。所以，杜林所理解的马克思认为资本是由货币产生的说法，用恩格斯在《反杜林论》中所举的例子来说，就等于是说金属货币3000多年前是由牲畜产生的，因为牲畜在那时承担货币的职能。显然，金属货币不可能由牲畜产生，尽管资本最初都采取货币的形式，但这既不能说明资本是由货币产生的，也不能说明货币本身就是资本。那么，现在的问题就转化为货币究竟是如何转化为资本的。即剩余价值是如何产生的。

恩格斯首先亮明马克思关于商品流通的公式和资本流通的公式这两种全然不同的公式。指出，前者是为了先卖后买，后者是为了先买后卖；前者的目的是取得使用价值，后者的目的则是价值本身。在后者中，资本家总是买进非个人需要之外的劳动力和生产资料进行生产，然后把生产出来的商品卖掉，以此获得价值增值。马克思就把这种价值增值叫作剩余价值。那么，剩余价值是从哪儿来的呢？可以肯定的是，剩余价值不能产生于流通领域的买卖行为，因为商品交换总体来说按照等价原则进行交换；同时，剩余价值也不能产生于欺骗，因为欺骗总是通过牺牲某些人的利益，而使另一些人获益，却不能增加价值总额。这就是说，尽管剩余价值产生于货币流通领域，但流通本身不能产生剩余价值。剩余价值产生于一种特殊商品，这种特殊商品就是劳动力。劳动力作为商品，同其他任何商品一样，有价值也有使用价值。劳动力的价值是由生产和再生产劳动力所必要的劳动时间所决定的，等于工人满足其本身及其家属必需的生活资料的价值。因此，货币购买者购买劳动力同购买其他任何商品一样，要按照它的价值支付。所以，剩余价值不能产生于劳动力的价值上，那么，就只能产生于劳动力的使用价值上了。

因此，恩格斯进一步指出，劳动力的使用价值，具有成为价值源泉的独特属性。比如，劳动力一天的价值是两块钱，而工人平均只要六小时的劳动就可以创造出这部分的价值。而资本家只要两块钱就购买了工人一天的劳动。劳动力的价值和劳动力在劳动过程当中实际创造的价值是两个完全不同的概念。注意：是一天的劳动而不是六个小时的劳动。也就是说，劳动力所创造的价值总是远远大于它本身的价值。所以，资本家总是尽最大可能地去延长工人的劳动时间，目的就是让工人创造出价值大大超过他劳动力本身的价值。这部分价值就是剩余价值。可见，剩余价值产生于生产过程。而货币转化为资本，是同剩余价值的产生紧密相连的。以此为基础，恩格斯强调，资本的产生有一个必要条件——自由的工人。这里的自由有双重含义：其一，人身自由；其二，一无所有。也就是说，除了劳动力外，没有任何别的商品可以买卖。可以看出，资本从本质上讲，不是物（商品），而是一定的生产关系，是通过物（商品）来表现的资本家对工人的剥削关系。

其次，恩格斯通过批判杜林，阐明马克思主义政治经济学的剩余价值理论。杜林认为剩余价值就是利润："'剩余价值'，或者用通常的话来说，包含着资本赢利。"[1] 恩格斯明确指出杜林混淆了剩余价值和利润（剩余价值的转化形式），马克思已经明确区分了剩余价值和利润、利息、地租等："剩余价值是用放在它后面的括号里的'利息、利润、地租'这几个词来说明的。"[2]

马克思对两者的区分是通过区分不变资本和可变资本来完成的。不变资本指的是购买生产资料的资本，在生产过程中，价值量只发生转移而不发生改变；可变资本是指购买劳动力的资本，在生产过程中价值量会改变。显然，剩余价值是可变资本带来的，是工人创造而被资本家无偿占有的超过其价值以上的使用价值。而在资本家看来，不仅可变资本会产生剩余价值，而且全部预付资本都会产生剩余价值。当把剩余价值作为资本家的全部预付资本时，剩余

---

[1] 恩格斯：《反杜林论》，人民出版社2015年版，第224—225页。
[2] 同上书，第225页。

价值就会转化为利润。所以，剩余价值和利润是有区别的：剩余价值是利润的本质和来源，利润是剩余价值的转化形式。

恩格斯进一步指出，在资本主义的历史发展过程中，社会资本逐渐形成三大类：产业资本、商业资本和借贷资本，进而形成三类资本家：产业资本家、商业资本家和借贷资本家，此外，还包括大土地所有者。在资本的矛盾运动中，剩余价值被各类资本家分割为产业利润、商业利润、利息、地租等不同部分的剥削收入，并以相独立的形式分别为各个剥削集团所占有。也就是说，一方面，剩余价值是资本主义社会一切剥削的总来源；另一方面，产业资本家只是剩余价值的第一占有者，而不是剩余价值的全部占有者，产业资本家同各类资本家，如商业资本家、借贷资本家和土地所有者等共同瓜分剩余价值。对此，马克思在《资本论》的第三卷中研究得非常系统。

即便如此，杜林还是对马克思的剩余价值理论百般刁难，他认为马克思的剩余价值理论永远无法回答一个问题：互相竞争的企业家，如何持续性地按照远远高于自然生产费用的价格，出售包括剩余产品在内的一切劳动产品。对此，恩格斯进行了充分的说明："资本主义生产的内在规律在资本的外部运动中作为竞争的强制规律发生作用，并且以这种形式成为单个资本家意识中的动机；所以，只有了解了资本的内在本性，才能对竞争进行科学的分析，正像只有认识了天体的实际的、但又直接感觉不到的运动的人，才能了解天体的表面上的运动一样。"[1]

恩格斯肯定，为了追求最高利润，资本家之间不可避免地要展

---

[1] 恩格斯:《反杜林论》，人民出版社 2015 年版，第 227—228 页。

开激烈的竞争。但是，由于这种竞争归根结底要受价值规律的盲目性、自发性的调节，因而，资本家的竞争多表现出一定的盲目性，即资本家事先并不知道市场需要什么和需要多少。然而，竞争的成败却关乎资本家的命运。竞争是作为一种外在的强制力量迫使每个资本家拼命追求利润的。因此，可以说，资本主义生产的内在规律是追求剩余价值最大化的规律。

恩格斯进一步指出，资本主义生产的内在规律是作为竞争的强制规律在资本的外部运动中表现出来的。但是，竞争所促成的利润率平均化，往往又掩盖了资本对雇佣劳动的剥削关系。需要强调的是，竞争只能改变剩余价值的分配，而不能改变剩余价值的来源。竞争不是目的，剩余价值才是资本主义生产的最终目的。竞争只能改变资本家之间剩余价值的分配量，却无法改变整个社会的剩余价值总量。杜林之所以只看到了分配中的竞争而没有看到利润的来源，竞争的本质实质上还要归到他把生产与分配形而上学地割裂开来，离开生产来谈分配的做法。实际上，在价值规律的支配下，资本家在竞争中不仅能够补偿所谓的自然生产费用，而且还能获得所谓的附加税及利润，而这个利润正是雇佣工人所创造的剩余价值。

最后，恩格斯通过批判杜林，揭露资本主义地租的本质。就地租的定义而言，杜林给地租下的定义是："土地所有者本身从土地上得到的收入。"[1]

恩格斯明确指出杜林给地租下的这个定义，只是法律意义上的定义，而不是政治经济学意义上的定义。因为它只说明地租归谁所有，而没有说明它反映的是什么生产关系。关于地租的概念，马克

---

[1] 恩格斯：《反杜林论》，人民出版社 2015 年版，第 238 页。

思早已说得非常清楚："不论地租有什么独特的形式，它的一切类型有一个共同点：地租的占有是土地所有权借以实现的经济形式。"[1] 马克思明确地指出封建地租是农民创造的剩余产品，体现的是土地所有者封建地主对农民的剥削关系；资本主义地租是雇佣工人所创造出来的剩余产品，体现的是资本家对雇佣工人的剥削关系。

就地租的本质而言，杜林认为地租产生于农业，利润产生于工业或商业。因此，在个体经营土地的情况下，地租和利润是分不开的。恩格斯从系统梳理历史实际和地租理论的发展史中，全面批判了杜林的观点。他指出：以英国为例，英国是典型的以资本主义为生产方式的国家。农业是资本主义的大农业。地主把自己的土地租给农业资本家经营，农业资本家利用其充足的资本，雇佣农业工人来经营土地。在这里，明显是不同阶级的共同体：地

---

[1]《马克思恩格斯选集》第 2 卷，人民出版社 1995 年版，第 543 页。

英国经济学家亚当·斯密
文化传播 / 供图↑

主获得地租、资本家获得利润、雇佣工人获得工资。这是无可辩驳的。恩格斯是通过区分绝对地租和级差地租而将地租和利润区分开来的。绝对地租指的是农产品的价格高于社会生产价格的差额。因为土地归土地所有者占有，不缴地租，土地所有者宁可土地荒芜也不会让别人耕种。所以，不管土地好坏，只要租用就要交纳地租；级差地租则来自农业的超额利润。由于土地的等级不同，比如，土地的好坏不同、距市场的距离不同、经营者的生产率不同等，农产品的个别生产价格就会出现高于社会生产价格的情况，这里的超额利润就是级差地租的来源。这一区分反映了农产品和工业产品的价格上的不同。工业产品的价格等于生产价格，是不变资本、可变资本与平均利润的总和；农业产品的价格则不同，它是不变资本、可变资本、平均利润，与级差地租、绝对地租的总和。显然，资本主义地租是农业工人创造的超过平均利润的剩余价值，反映的是资本主义的生产关系，即地主和农业资本家对雇佣工人的剥削关系，而不是杜林所谓的土地所有者本身从土地上得到的收入。

就杜林的地租理论而言，恩格斯认为杜林是照搬了德国容克地主的见解。德国农业资本主义的发展，经历了由旧式地主（容克地主）向资本主义雇主、由封建农业向资本主义农业的转变过程。尽管如此，德国的农业资本主义的发展仍然保留了许多封建的剥削形式，这种资本主义除了雇佣劳动之外，同时还存在着农奴制和宗法制。这种资本主义农业发展方式，列宁把它称作"普鲁士式的道路"。尽管这种农业资本主义经营仍然包含着容克地主的生产方式，但是毫无疑问，在性质上已经是资本主义性质了。转变为资本主义性质的容克地主，不论是自己直接经营，还是由代理人经营，在拿到地租的同时，还获得利润，这两部分是新的农业资产阶级剩余价值的两种具体形式。对此，古典经济学家亚当·斯密早就有过论证。恩格斯深刻地指出，杜林的理论在本质上是容克地主的理论，是为容克地主代言的。

四、对《国民经济学批判史》的批判

第十章内容是马克思为恩格斯的《反杜林论》所写的一章。主要内容是批判杜林的政治经济学说史体系。杜林在他的《国民经济学和社会主义批判史》一书当中，从唯心史观出发，对古希腊以来的经济思想家及其理论进行歪曲、颠倒和全盘否定。不仅提出亚里士多德、柏拉图等古代经济思想全然过时，要全盘否定；还妄自批判近代政治经济学的创造者配第、洛克以及诺思等，试图证明近代政治经济学的始祖是休谟；更是在魁奈的《经济表》上制造混乱，妄加更改。马克思指出杜林之所以对从古至今的政治经济学说史采取这样的全盘否定的态度，其根本目的在于通过否认马克思主义经济学说的科学见解，证明自己的批判才是终极真理。马克思运用辩证唯物主义和历史唯物主义的基本原理，通过客观真实地评价历史上的经济思想家及其理论，批判了杜林的种种谬论及其本质。该章共由四部分构成：第一部分是亚里士多德等古代经济思想家；第二部分是配第等近代经济思想家；第三部分是评价魁奈《经济表》；第四部分是该章及整个第二编《政治经济学》的总结部分。

首先，亚里士多德等古代经济思想家。杜林认为经济学是非常现代的现象，因此，古代思想家及其经济理论完全没有任何积极的东西。言外之意，杜林的经济理论是十足的原创，没有任何先驱

> **知识链接**
>
> **《国民经济学批判史》**
>
> 　　《国民经济学批判史》是杜林的《国民经济学和社会主义批判史》一书中的一部分。本部分的主要内容就是在全然否认经济学说史和马克思主义经济学的基础上,以主观主义和随意取舍的方法,建立起的终极的经济学说史。首先,《国民经济学批判史》否定了古希腊时期柏拉图和亚里士多德等人的经济思想,提出经济学是近代的现象。其次,《国民经济学批判史》全然否认代表重商主义最高发展阶段的《英国与东印度贸易论》的地位,认为《略论》一书,才是重商主义的最高发展阶段。最后,《国民经济学批判史》全然蔑视配第在近代政治经济学中的地位,反而把休谟认作近代政治经济学始祖。

者,可谓"前无古人"。马克思承认作为一门独立的学科,政治经济学的确不是在古代产生的。但是,商品生产、货物贸易、货币和资本,早在古希腊的奴隶社会就已经存在了。不仅如此,自原始社会解体以来,人类的各种社会形态都有自己的经济制度,以及与之相适应的经济思想和经济理论。在西方,经济思想最早产生于古希腊时期。古希腊的思想家,柏拉图、色诺芬和亚里士多德对人们的经济生活和经济现象都有相应的研究,并提出了很多见解。他们的见解，历史地成为现代科学的理论的出发点。柏拉图认识到社会分工的重要性，把分工描述为国家的自然基础。柏拉图在其《理想国》中提出，人类生活中有多种不同的需要，各种需要的满足靠单独的人是提供不了的，必须依靠分工合作来完成。因此，一个国家必须由瓦匠、农民、鞋匠、木匠、铁匠等，以及诗人、乐师等多种职业的人共同构成，每人专司一职，工作才能够做得更好。马克思认为："对这种在当时说来是天才的描述。"[1] 色诺芬认为分工的程度取决于市场的范围，市场越大，分工越细。色诺芬在《居鲁士的教育》一书中指出："在小城市里，同一个人要制造床、门、犁、桌子；有时还要造房子，如果他能找到使他足以维持生活的主顾，他就很满意了。一个从事这么多种工作的人，是绝不可能把一切都做好的。但在大城市里，每一个人都能找到许多买者，只从事一种手艺就足以维持生活。有时甚至不必从事整个手艺，一个人做男鞋，另一个人做女鞋。有时，一个人只靠缝皮鞋为生，另一个人靠切皮鞋的皮为生；有的人只裁衣，有的人只缝纫。从事最简单工作的人，无疑能最出色地完成这项工作，这是必然的。"[2]

亚里士多德则区分了商品的使用价值和交换价值，认为每种货物都有两种用途，如鞋子，既可以用来穿，又可以用来交换，两者都是鞋子的用途。他还指出，在这两种用途中，货币的作用是不同的。他们的思想，无疑对近代经济学说的发展具有基础性的意义。

其次，配第等近代经济思想家。杜林评价配第这位英国资产阶级古典政治经济学的创始人，其理论是带着一种稚气的轻率思维方

1　恩格斯：《反杜林论》，人民出版社 2015 年版，第 244—245 页。
2　转引自《资本论》第一卷，人民出版社 2004 年版，第 424 页。

法:"这种自鸣得意的无所不知,就只是表现为无法粉饰的愚蠢。"[1] 马克思通过系统地评述配第的经济思想,批判杜林对配第的诬蔑,同时,对配第的经济思想作出客观的评价:"配第在他的《赋税论》(1662年第1版)中,对商品的价值量作了十分清楚的和正确的分析……商品的价值是由等量劳动(equal labour)来计量的。"[2]

古希腊哲学家柏拉图的著作《理想国》中的插图 文化传播 / 供图↑

[1] 恩格斯:《反杜林论》,人民出版社2015年版,第250页。
[2] 同上书,第248页。

在其《赋税论》中，配第指出："假如一个人在能够生产一蒲式耳谷物的时间内，将一盎司白银从秘鲁的银矿中运来伦敦，那么，后者便是前者的自然价格。如果发现了新的更丰富的银矿，因而获得二盎司白银和以前获得一盎司白银同样容易，那么，在其他条件相等的情况下，现在谷物一蒲式耳十先令的价格，和以前一蒲式耳五先令的价格是一样便宜。"[1] 马克思指出，配第已经理解到劳动生产率与商品价值之间的关系：一蒲式耳谷物和一盎司白银之所以能够相等，是因为两者都耗费了同样的劳动时间，花费同样的时间在富矿里能开采多一倍的银，那么，银的价值就会降低一半。遗憾的是，限于当时重商主义的影响，以及当时的社会历史条件，配第用白银来表现谷物的价值，因而把价值、交换价值和价格混为一谈，因而，没能透彻地理解价值的概念，没有把商品的价值归结为商品中所包含的必要劳动量。例如，谷物的价值是它本身所包含的劳动量，而不是白银。白银只是谷物的交换价值。同时，作为货币，白银表现商品的价值就是价格。因此，正确的表述为一盎司白银是一蒲式耳谷物的价格。配第将谷物和白银相比较，实际上是将具体劳动抽象化的结果。其原因在于没有正确理解具体劳动和抽象劳动的区别。马克思将这些概念进行了严格的区分。不仅如此，马克思还指出在配第那里价值和使用价值也是混乱的。一切物品，作为使用价值，是由人类劳动和自然界共同创造的；但是，作为价值，则完全是人类劳动创造的，是不包含任何自然因素的。马克思指出，配第没有看到价值的社会性，没有看到价值的本质是人与人之间的生产关系，是他混淆价值和使用价值的根源。

...

[1] [英]威廉·配第：《赋税论》，陈东野译，商务印书馆1963年版，第52页。

配第的继承者洛克和诺思对英国资产阶级古典政治经济学的发展作出了巨大贡献。但是，杜林对他们二人同样进行了攻击。因此，马克思指出："洛克和诺思的例子向我们提供了证明：配第在政治经济学的几乎一切领域中所作的最初的勇敢尝试，是如何——为他的英国的后继者所接受并且作了进一步的研究的。"[1] 杜林一方面在批判配第、洛克和诺思，同时，又在大肆吹捧休谟。休谟是英国资产阶级哲学家、历史学家和经济学家。马克思认为他的理论几乎都是抄袭范德林特和约·马西的。马克思指出，休谟的货币论，即货币数量论，是抄袭范德林特的；而休谟的利息理论则是抄袭约·马西的。杜林大肆吹捧休谟的主要原因有二：一方面，杜林和休谟有相似之处，他们都是抄袭他人理论的行家；另一方面，当时的社会历史条件是英国迅速发展的资本主义社会，他们都在政治上为各自的社会统治阶级歌功颂德。

再次，魁奈和《经济表》。杜林对重农学派和魁奈《经济表》展开猛烈攻击，他提出，《经济表》中分析的纯产品或纯收入的货币价值，与其所讲到的纯产品作为自然对象进入流通成为维持不生产阶级的要素是相互矛盾的。

《经济表》是法国每年全部生产品在生产阶级、非生产阶级和土地占有者三个阶级之间流通，以及法国每年的社会再生产顺利进行的说明。尽管魁奈的《经济表》中有许多漏洞和错误，但是，魁奈是第一个考察产品分配、社会再生产的人，他将剩余价值的研究，从流通领域引向生产领域，为分析资本主义生产方式，打下基础。因此，马克思指出杜林是在根本没有理解《经济表》的意义的前提

---

[1] 恩格斯：《反杜林论》，人民出版社2015年版，第254页。

下，就对《经济表》妄加诬蔑。

以此为基础，马克思科学地评价了魁奈的《经济表》。魁奈是法国资产阶级古典政治学重农学派的创始人。重农学派的核心思想是重视农业，把农业看作唯一的生产部门。主要观点认为只有农业才能提供纯产品，工业是不生产的部门，因为工业只是将农业原料进行加工，这种加工只是适合于人类的各种需要，却不能使物质财富的数量增加。因此，不能提供纯产品。也就是说，商业不是财富的源泉。因此，重农学派反对重商主义、倡导经济自由。重农学派主要研究的是生产领域，认为生产领域是剩余价值的来源。这种理论具有重大意义。《经济表》和《经济表的分析》是魁奈的代表著作。其中，《经济表》主要分析国家的总的财富的生产和流通问题。马克思敏锐地指出，尽管魁奈《经济表》中的分析是错误的，但是，他的分析过程，简单而巧妙，在政治经济学史上具有重大意义。

杜林大肆吹捧休谟的货币论，但马克思指出，休谟的理论几乎都是抄袭范德林特和约·马西的。图为休谟 文化传播/供图↑

第四章 《反杜林论》第二编《政治经济学》的内容与结构 **165**

因此，不能像杜林那样一知半解就全盘否定。

最后，总结部分。马克思深刻地指出："杜林先生大笔一挥，便把 1691 年到 1752 年这一时期勾销了，也就把休谟的一切先驱者勾销了，同样，又大笔一挥，把休谟和亚当·斯密之间的詹姆斯·斯图亚特爵士勾销了。"[1] 也就是说，除了休谟以外，以前的经济学家都不值得一提。相反，一些资产阶级庸俗经济学家，如李斯特、凯里等，却是杜林眼中的大人物。因为正是把他们的理论东拼西凑，杜林才得出了自己的理论。

该章的最后一段，恩格斯对《反杜林论》整个第二编《政治经济学》进行了总结。总体来说，杜林的基本套路是模仿谁、庸俗化谁、批判谁。比如，在哲学上，杜林模仿黑格尔，于是便庸俗化黑格尔，然后批判黑格尔；政治经济学也是一样，模仿马克思，使之庸俗化，又批判马克思。因此，恩格斯最后总结道："最初为自我吹嘘、大吹大擂、许下一个胜似一个的诺言付出了巨大的'耗费'，而后来的'成果'却等于零。"[2] 恩格斯以翔实的历史事实为基础，以历史唯物主义为方法，彻底揭示出杜林政治经济学的实质。同时，阐明了马克思关于价值、资本、剩余价值等理论，指出了资本主义社会阶级矛盾的历史必然性，得出了资本主义制度必将走向灭亡，社会主义必然胜利的科学结论。

---

[1] 恩格斯:《反杜林论》，人民出版社 2015 年版，第 273 页。
[2] 同上书，第 276 页。

第五章 《反杜林论》第三编《社会主义》的内容与结构

在阶级社会中,分工具有社会历史性。不同社会的分工形式是由其社会历史发展水平决定的,但是,随着社会生产力的进一步发展,原有的分工形式就会逐渐成为阻碍社会生产力发展的因素。

巴黎公社革命失败后，资本主义由上升状态，迅速走向最高状态。在这个历史时期，国际工人运动的主要任务就是团结世界无产阶级的革命力量，建立无产阶级的革命政党，确立各国工人运动的领导核心。这一切，都需要科学的马克思主义理论的武装。

恩格斯的《社会主义从空想到科学的发展》单行本的出版，就肩负着这一伟大历史使命。德国社会主义工人党是欧美地区建立的最早的无产阶级政党，在推动工人运动的发展中意义重大。然而，德国无产阶级政党的产生与发展，不断受到来自内部和外部的影响。《反杜林论》正是为了捍卫马克思主义、保证德国无产阶级政党，乃至国际共产主义运动的健康发展而写作的。发表两年之后，应拉法格之请，恩格斯将《反杜林论》中《引论》的第一章《概论》，以及第三编的第一章《历史》和第二章《理论》汇编成书，由拉法格译成法文，以《空想社会主义和科学社会主义》为名，三期连载在法国的《社会主义评论》杂志上，并于1880年，在巴黎出版单行本。以此帮助法国无产阶级政党从思想上和政治上同无政府主义、小资产阶级社会主义和空想社会主义划清界限。1883年，出版德文版单行本时更名为《社会主义从空想到科学的发展》。此后，《社会主义从空想到科学的发展》被波兰、西班牙、意大利、丹麦、荷兰等多国翻译出版，在世界范围内广泛传播，有力地促进了各国无产阶级政党的建设。

第三编《社会主义》是恩格斯集中论述马克思主义

科学理论体系中的科学社会主义部分的章节。以辩证唯物主义和历史唯物主义为世界观和方法论的哲学部分是马克思主义理论体系的理论基础,以剩余价值学说为基石的马克思主义政治经济学部分是马克思主义理论体系的主要内容,而科学社会主义部分则是全部马克思主义理论体系的核心和灵魂,体现的是无产阶级的基本政治原则和美好社会理想。可以说,马克思主义全部的理论活动,其根本出发点就是为了创立科学的社会主义理论,使社会主义从空想变为科学。

在第三编《社会主义》中,恩格斯运用辩证唯物主义和历史唯物主义的基本原理,科学评述了三大空想社会主义者的理论体系,阐明了科学社会主义的产生和基本原理,彻底批判了杜林的小资产阶级社会主义理论。本编共由两大部分内容构成。其中,第一部分包括第一章《历史》和第二章《理论》。主要内容是论述科学社会主义的思想来源和社会经济基础,说明科学社会主义的基本内容;第二部分包括第三章《生产》、第四章《分配》、第五章《国家,家庭,教育》。这部分的主要内容是通过论述科学社会主义的基本原理,阐明了社会主义代替资本主义的历史必然性和未来社会的基本特征。在这一编中,恩格斯批判了杜林的假社会主义,揭露了资本主义社会的真相,总结了社会主义从空想到科学的发展过程,肯定了圣西门、傅立叶和欧文这三大空想社会主义者的贡献,论述了科学社会主义的基本理论。

恩格斯对科学社会主义的系统论述有两大特点:其一,恩格斯强调科学社会主义世界观和方法论的基础是历史唯物主义。恩格斯是从唯物史观出发,对科学社会主义理论进行系统论述的。这就决定了科学社会主义是客观历史发展的必然结果。这是资本主义社会自身所不可避免、不能自治的基本矛盾。从本质上讲，这一矛盾就是生产的社会性和生产资料私人占有之间的矛盾；现象上讲，就是无产阶级和资产阶级之间的矛盾、个别企业生产的有序性和全社会生产的无政府性之间的矛盾，等等。这些矛盾发展的结果就是以经济危机为核心的各种社会危机。其二，恩格斯更为强调解决资本主义社会的矛盾，实现社会主义的历史条件和现实途径。这一途径就是无产阶级革命。只有无产阶级才能肩负起解决资本主义社会固有矛盾的历史任务，只有取得了无产阶级革命的胜利，才能消灭私有制、建立公有制，才能使生产关系适应生产力的要求，使社会生产有序化。总之，"一个矛盾""一个途径"是恩格斯论述科学社会主义基本理论的两个较为突出的特征。

第三编在整个《反杜林论》当中具有重大意义，为无产阶级指明了社会发展的方向和道路。恩格斯指出，无产阶级反对资产阶级的阶级斗争必然引起无产阶级革命和无产阶级专政。人类将经过无产阶级专政过渡到无产阶级的共产主义社会。恩格斯进一步强调，现代唯物主义，同过去相比，最大的不同之处，就在于前者是以科学社会主义为理论指导的。由此可见，科学社会主义在整个马克思主义理论体系中的特殊地位和作用。马克思主义科学社会主义理论是马克思主义哲学得以发挥和落实的实践指导，是马克思主义政治经济学得以具体实施的现实保障。可以说，科学社会主义既是哲学和政治经济学的出发点，又是落脚点。

一、从必然王国到自由王国

在第一章中,恩格斯运用历史唯物主义的基本理论,科学分析了三大空想社会主义者圣西门、傅立叶、欧文的社会主义理论,通过剖析这些理论产生的社会历史条件和基本内容,评价其思想理论贡献,以及历史缺陷。恩格斯指出,空想社会主义产生的社会经济根源在于资本主义尚不发达,资本主义生产方式的基本矛盾尚未充分暴露,无产阶级与资产阶级之间的矛盾尚没完全激化,无产阶级尚未从劳动者中分化成独立的阶级。也就是说,尚未形成可以同资本主义进行斗争的政治力量。空想社会主义就是产生于这一资本主义社会发展早期的、看到现实矛盾端倪的、尚未形成独立的政治力量的时期。据此,恩格斯深刻地指出空想社会主义者的设想只能是脱离现实的幻想。在第二章中,恩格斯阐述了使社会主义从空想发展为科学的正确方法。恩格斯通过论述人类认识史上曾经存在的辩证法和形而上学两种思维方式的对立和斗争,指出将辩证唯物主义运用到人类历史中所创立的历史唯物主义,揭示了人类社会发展的真正动因,是生产力与生产关系、经济基础与上层建筑的两对基本矛盾的矛盾运动。从而,使社会主义由空想变为现实,即"人类从必然王国进入自由王国的飞跃"。

第一,第一章论述了科学社会主义的思想来源。科学社会主义的思想来源主要是圣西门、傅立叶和欧文这三大空想社会主义者的思想。

思想是时代的呼声,社会存在决定社会意识。同理,三大空想社会主义者的理论,也是他们所处时代的时代产物。19世纪初,

> **知识链接**
>
> **资本主义国有化**
>
> 资本主义国有化亦称资产阶级国有化，是资本主义国有经济形成的一个途径。是指资本主义发展到一定阶段，在国民经济的某些部门，所采取的国家垄断资本主义的形式。在资本主义发展早期，主要表现为由国家来承担私人资本无力承建的矿山、铁路、公路、港口、邮电等规模较大的工程，一定程度上推动了生产力的提高。进入帝国主义阶段之后，资产阶级国家和垄断资本密切结合，通过财政拨款或用高价收买及其他补偿办法把某些企业、部门的生产资料转归资产阶级国家所有，国有化趋势加强，相继建立起国有企业。资本主义国有化，也是资本主义的占有形式之一，根本不能消除生产力的资本属性，根本不可能改变资本主义所有制的性质。但正如恩格斯所指出的那样，资本主义国有化虽然没有改变资产阶级剥削的实质，没有消除资本主义社会固有的各种矛盾，但它却"包含着解决冲突的形式上的手段，解决冲突的线索"。

随着资本主义制度的日益发展，英、法两国的资产阶级取得了政治和经济上的统治地位，与此同时，资本主义生产方式的矛盾也逐渐显露出来。现实表明，这个建立在18世纪启蒙运动倡导理性的作用，即以自由、平等、博爱和正义等理性原则为基础，反对封建迷信特权和压迫的资本主义社会，非但没有建立起理性的国家和社会，反而加剧了贫富差距、增长了社会犯罪率。整个社会中充斥着金钱万能、道德败坏的乱象。因此，人们便萌生出对资本主义制度的失望，进而，必然希望建立一个更好的社会制度的期望。正如恩格斯在《反杜林论》中所说："总之，同启蒙学者的华美诺言比起来，由'理性的胜利'建立起来的社会制度和政治制度竟是一幅令人极度失望的讽刺画。"[1]尽管空想社会主义者对资本主义社会进行了直接的批判，指出资本主义社会存在的竞争、贫困、失业，以及经济危机等现实问题，甚至也进一步指出，资本主义社会应该为新的社会主义制度所代替。但是，由于没有对未来社会有科学的预见，空想社会主义者对劳动者的同情，对未来社会的描绘，只能是理想的，甚至是空想的。然而，恩格斯认为这些理想和空想却有着重大的历史意义："德国的理论上的社会主义永远不会忘记，它是站在圣西门、傅立叶和欧文这三个人的肩上的。"[2]

圣西门、傅立叶和欧文的三大空想主义社会学说就是在这样的大背景下产生的，反映的是当时社会无产阶级和其他劳动群众要求摆脱资本主义剥削制度，走向新的社会主义制度的向往。圣西门、傅立叶和欧文看到资本主义生产方式本身的矛盾、无产阶级和资产阶级的矛盾。对资本主义制度进行了批判，企图建立一个真正符合理性和正义要求的新社会。而建立新社会的具体途径，在空想社会主义者看来，就是教育和宣传天才思想家的新发展。恩格斯指出，

---

[1] 恩格斯：《反杜林论》，人民出版社2015年版，第278页。
[2] 《马克思恩格斯选集》第2卷，人民出版社1995年版，第635页。

"不成熟的理论,是同不成熟的资本主义生产状况、不成熟的阶级状况相适应的"。因此,解决问题的方法必然就会是不成熟的。尽管空想社会主义者不仅提出了自己的主张,有的甚至还进行了社会实验。但是,其结果可想而知。对此,恩格斯进一步指出,解决问题的途径,就是一方面吸取他们合理的东西,另一方面,冲破幻想,付诸实践。

杜林却不同。杜林对空想社会主义者的评价,实质上,就是一种辱骂,三个空想社会主义者被称为"社会炼金术士""最荒唐的梦幻""神经错乱的产物""某种白痴"等。对此,恩格斯直接回应,"就算是这样吧,炼金术在当时还是必要的"。即便科学社会主义思想已经产生了,杜林仍然以他的"绝对真理"为大旗,为资本主义制度的权威保驾护航,阻碍无产阶级革命的发展,对抗科学社会主义的传播与发展。对此,恩格斯分别对圣西门、傅立叶和欧文这三大空想社会主义者的思想作了总结和分析。

圣西门(1760—1825),出生于巴黎一个古老的贵族家庭,是19世纪初最早的空

法国空想社会主义者圣西门 文化传播/供图↑

想社会主义者。圣西门生活在法国社会的大动荡时期，曾经历过封建制度的崩溃、资产阶级大革命、热月党的反动统治、拿破仑帝国和波旁王朝的复辟等重大历史事件。19岁时，圣西门以志愿兵的身份，参加美国独立战争；法国大革命时期，返回祖国，放弃贵族身份，投入革命，后对革命失望，退出活动。他从1802年到1825年，转变为空想社会主义者，成为工人阶级的代言人，为工人阶级的解放而奋斗。这一段时期，也是圣西门一生当中生活最为困苦的时期。伟大的社会产生伟大的人物，伟大的经历产生伟大的成就。圣西门以自己的人生经历为基础，几十年如一日地从事哲学、历史、政治和经济的研究工作，写出了《一个日内瓦居民给当代人的信》《人类科学概论》《论实业制度》《新基督教》等一系列著作。

恩格斯在《反杜林论》中，重点介绍了圣西门四个方面的理论贡献。

——圣西门的"人人应当劳动"的未来社会实业制度设想。圣西门认为，资本主义社会的一切问题都在于社会财富的颠倒：在政治上占统治地位的人过着荒淫无耻的寄生生活；而社会财富的创造者却处于被剥削和被压迫的地位。恩格斯认为如此本末倒置的社会，人们花费很大的力量进行斗争，因而，只能进行分散的活动。以此为基础，圣西门提出了他关于未来社会实业制度的设想。他认为，实业制度应由实业家，包括工人、农民、工场主、商人、银行家和科学家在内来领导实行普遍劳动的原则。未来社会中，任何人都不具有不劳动的特权，因此，游手好闲的寄生虫将被彻底清除。同时，人们的经济收入、社会地位完全取决于个人的才能和劳动贡献。那么，要使社会中的所有人都参加劳动，具体措施有二：其一，大力宣传劳动是一切美德的基础，要尊重一切有益的劳动；其二，政府的主要任务是开展反对游手好闲分子的斗争。圣西门对劳动的肯定、对劳动光荣的倡导,包含着"不劳动者不得食"的思想萌芽。

——"对人们的政治管理,应当转变为对事物的支配以及对生产过程的指导"。圣西门提出在有对抗性的阶级社会中,政治是一种统治人的力量,而不是管理物的力量,因此,他主张在未来的理想社会中,政治将由对人的统治变成对物的管理和对生产过程的指导。恩格斯对这一思想高度评价,认为这是国家消亡思想的萌芽。圣西门对废除国家的思想的贡献在于:其一,认识到国家的存在是由于阶级的对立,而对于对立的阶级不复存在的社会,国家职能也就不复存在,国家也就不复存在了;其二,认识到尽管未来社会不需要对人进行统治,但是仍然离不开对物的管理,因此,社会主义社会也必须有管理生产的机构。

——"当你们的伙伴统治法国的时候,那里发生了什么事情?他们造成了饥荒!"圣西门看到法国大革命是法国贵族、资产阶级和无产者之间的阶级斗争。在《一个日内瓦居民给当代人的信》中,圣西门把人类分为三个阶级:学者、艺术家,财产私有者和无财产者。他指出法国革命的实质是阶级斗争,是无财产者和财产占有者之间的对立,看到了法国革命过程中无财产者和财产占有者之间进行的斗争。恩格斯表示:"这在 1802 年是极为天才的发现。"[1]

——"法国和英国的同盟,其次这两个国家和德国的同盟,是欧洲的繁荣和和平的唯一保障"。1814 年联军进占巴黎时,以及 1815 年百日战争时,圣西门两次提出法英德同盟的主张,这在当时的历史条件下,无疑是一个大胆而富有远见的思想。尽管圣西门

---

[1] 恩格斯:《反杜林论》,人民出版社 2015 年版,第 280 页。

的理论存在很多漏洞,他也没有看到人人劳动的理想社会的实现必须建立在消灭私有制、废除雇佣劳动制度的基础之上。但是,恩格斯还是高度肯定了圣西门:"我们在圣西门那里发现了天才的远大眼光,由于他有这种眼光,后来的社会主义者的几乎所有并非严格意义上的经济学思想都以萌芽状态包含在他的思想中。"[1]

在恩格斯看来,圣西门对社会主义学说的发展贡献巨大。具体的贡献,恩格斯引用了黑格尔的评价。同样认为圣西门在个别问题上非常接近法国唯物主义的观点,但是,却在历史观上,认为推动历史发展的动力是理性,将历史的发展看作是知识的不断增加,因而,表现出唯心主义的立场。

傅立叶(1772—1837),出生于法国贝桑松市的一个商人家庭,是19世纪初法国另一位空想社会主义者。傅立叶几十年从事经商活动,当过商业职员、推销员和经纪人,因此,对资本主义的商业非常了解,对

法国空想社会主义者、哲学家傅立叶 文化传播/供图↑

[1] 恩格斯:《反杜林论》,人民出版社2015年版,第280页。

法国大革命动荡时代的种种社会问题和阶级矛盾十分熟悉。代表作是《关于四种运动和普遍命运的理论》《新世界》。傅立叶在揭露资本主义社会的种种矛盾、批判资本主义制度的种种剥削的同时,建立了自己关于改造社会的方案。

恩格斯在《反杜林论》中,重点介绍了傅立叶的三大重要理论贡献。

一是深刻批判资本主义制度。傅立叶指出贫困是由过剩本身所造成的,一部分人的幸福是建立在另一部分人的痛苦之上的。傅立叶认为资本主义制度是"复活的奴隶制",其生产的无政府状态是"文明制度的主要罪恶",而经济危机则是"多血症危机"。在这种制度下,必然会产生很多社会矛盾。其一,个人利益和社会利益的矛盾。个人对社会、社会对个人经常处于战争状态。例如,医生希望病人越多越好;律师希望打官司的越多越好;建筑师梦想燃烧大火;玻璃匠盼望发生冰雹……这样,能给他们带来更多的利益。其二,经济危机的矛盾。傅立叶指出,资本主义经济危机不是真正的危机,而是生产过剩的危机,这在当时是一个非常重大的贡献。其三,贫富矛盾。在资本主义社会中,占绝大多数的雇佣劳动者过着贫困的生活,工资低、条件差、劳动时间长,甚至缺乏最起码的生活保障。但是,社会当中的另一极,尽管只占不到 1/8 的人口,却过着穷奢极欲的寄生虫式的生活。

二是傅立叶提出妇女解放的程度是衡量普遍解放的尺度。他指出,在资本主义制度下,妇女处于受奴役和受压迫的地位,甚至被当作商品买卖,侮辱女性更是资本主义的本质特征。只有到了未来社会,妇女才能够获得解放。在未来的"法郎吉"公社里,妇女不再受困于家庭,家庭劳动被公共食堂和公共事业代替;儿童的抚养和教育工作也将由社会接管，妇女将被彻底解放，从而，成为社会生产劳动中的一支重要力量。

三是傅立叶辩证地分析了整个人类社会历史。他把人类历史分为蒙昧、宗法、野蛮和文明四个发展阶段。他指出文明，即资产阶级社会，是在一个恶性循环中运动的。他反对资产阶级学者把资本主义制度永恒化的言论，提出任何一个历史阶段都有上升期和下降期。每个社会形态都有其产生、发展和灭亡的过程。而这个过程是与一定的生产状况相联系的。总体上看，前两个时期是上升期；后两个时期是下降期。恩格斯指出："我们在傅立叶那里就看到了他对现存社会制度所作的具有真正法国人的风趣的、但并不因此就显得不深刻的批判。"[1]

恩格斯进一步指出，一方面，傅立叶的历史观具有唯物主义和辩证法的影子。傅立叶指出不同历史时期对应不同的生产关系，宗法时期对应小生产、野蛮时期对应中等规模生产、文明时期对应大生产。但是，另一方面，傅立叶却将历史时期的衡量特征归于男女关系的性质。进而指出历史是客观的、不可抗拒地朝着和谐社会，即社会主义社会发展的，而这种历史必然性的条件，早在2500多年前就已经形成，未能发展的原因，在于没有天才思想家的发现。这显然是非历史主义的观点。因此，恩格斯指出："物质在其一切变化中仍永远是物质，它的任何一个属性任何时候都不会丧失，因此，物质虽然必将以铁的必然性在地球上再次毁灭物质的最高的精华——思维着的精神，但在另外的地方和另一个时候又一定会以同

---

[1] 恩格斯：《反杜林论》，人民出版社2015年版，第280—281页。

样的铁的必然性把它重新产生出来。"[1]

欧文（1771—1858），出生于英国的小工业者家庭。是19世纪初英国空想社会主义者的主要代表人物。由于家庭贫困，10岁的欧文就开始当学徒。他还曾经做过店员、纺织厂的职员等。欧文曾直接参加英国工业革命，亲历工业革命给工人阶级带来的巨大苦难。1800年，欧文开始担任苏格兰新拉纳克纺织厂的经理。在担任该厂领导期间，欧文按照自己的理论，在纺织厂进行试验，实行了一系列提高工人福利的改革。例如，缩短工时、改善劳动和生活条件、设立公共食堂、建立工人消费合作社、创办幼儿园、子弟学校和夜校等，很快使工厂成为模范区。除此之外，欧文还是慈善家，他的名字曾传遍英国和欧洲。由于欧文生活在当时资本主义最为发达的英国，所以对资本主义剥削和压迫的经济根源有着更为直接的了解。

恩格斯在《反杜林论》中，重点介绍了欧文的四大重要理论贡献。其中，最为重要

---

[1]《马克思恩格斯文集》第9卷，人民出版社2009年版，第426页。

英国空想社会主义者欧文
文化传播 / 供图 ↑

知识链接

欧文的合作社

19世纪空想社会主义者的主要代表人物之一欧文认为，现代社会的不合理主要表现在两个方面：贫穷，财富和争夺。为了代替这种制度，欧文建议在适当的比例下，组织男女孩童的合作团体。人数从400、500，到2000，让他们以相互团结和相互帮助为原则，像在一个家庭中一样生活。在欧文看来，这种合作社是人类快乐幸福的保证。在合作社中，合作社成员从事和平的劳动，毫无敌意和仇视，只追求体力和智力的不断进步。合作社的基础是土地。职业和工作的分配，则完全依照年龄和能力划分。公社的管理者把产品平均按需地分配给社员，还要对社员进行教育。公社的建设，会因为贤明的公社管理者而日趋成熟壮大。欧文主张和平，反对阶级斗争，试图以和平宣传实现共产主义，表现出一定的空想性。

的是欧文深刻地揭露了资本主义剥削制度的经济根源。尽管欧文在1800年到1825年进行了试验，拉纳克也由原来的堕落分子聚居地，变成了模范移民区。酗酒、刑事、诉讼事件几乎归零。同时，拉纳克工厂的劳动生产率得到极大提高。但是，欧文并不满足于此，他认为工人的状况并没有得到根本的改善，工人也并没有得到最为全面的发展机会。于是，欧文从理论和实践上揭露资本主义剥削制度的经济根源：其一，欧文认为资本主义充满各种罪恶，而罪恶的根源在于私有制、迷信和婚姻制度。其中，又以私有制为最主要的危害。私有制造成贫富对立，资本家把工人看成了榨取利润的工具；私有制隔离了人与人之间的距离……总之，私有制是资本主义一切罪恶的根源，这俨然已经触及了资本主义的本质。其二，欧文揭露了产业革命给工人阶级带来的灾难。他指出，科学技术提高生产率，但是这些劳动成果却被资本家占有了。蒸汽机和纺纱机的使用本应造福人类，但是，现实却是祸害了社会。以新拉纳克工厂的实际情况为例，新拉纳克工厂的2500人中，从事劳动的人给社会生产的实际财富，在不到半个世纪前，这些实际财富还需要60万人才能生产出来，那么，这2500人所消耗的财富，同以前60万人所消费的财富之间的差额，却落到了企业所有者手中。由此推论，新拉纳克尚且如此，其他一切工厂更是不在话下。在欧文看来，产业革命后，机器的广泛使用使少数人更富，而多数劳动群众更困苦了。机器本来是造福人类的，但在资本主义生产方式下，却成了榨取工人血汗的手段。其三，欧文认为资本主义不是永恒的，因为经济危机是资本主义制度的必然产物。想要消除经济危机，必须消灭资本主义私有制。

欧文的社会观点接纳了法国的唯物论，与法国唯物论吹捧资本主义社会不同的是，欧文认为资本主义社会，同封建社会一样，不是完美的社会形态，只有社会主义社会才是完美的。因此，欧文提出，仅仅是消灭等级特权远远不够，而是应该彻底消灭阶级矛盾。然而，恩格斯指出英国的社会主义者们太温顺，过于爱好和平，太热衷于向工人宣传慈善和博爱。

综上所述，恩格斯指出，圣西门、傅立叶和欧文这三大空想社会主义者的理论，是在资产阶级理性王国破产时，在资本主义的弊病暴露时产生的："这种历史情况也决定了社会主义创始人的观点。不成熟的理论，是同不成熟的资本主义生产状况、不成熟的阶级状况相适应的。"[1]这决定了三大空想社会主义者的学说，只能是空想的。然而，不能否认他们的学说含有一些积极的思想成果。马克思和恩格斯在创立科学社会主义理论的过程中，也批判地吸收了这些积极的思想成果。

第二，第二章阐述了使社会主义从空想发展为科学的正确方法。使社会主义从空想发展为科学的正确方法是通过社会主义革命，建立社会主义社会。

首先，恩格斯论述了科学社会主义的理论基础是历史唯物主义。恩格斯在该章开宗明义地指出："唯物主义历史观从下述原理出发：生产以及随生产而来的产品交换是一切社会制度的基础；在每个历史地出现的社会中，产品分配以及和它相伴随的社会之划分为阶级或等级，是由生产什么、怎样生产以及怎样交换产品来决定的。"[2]科学社会主义理论的出发点是唯物史观。

一方面，历史唯物主义认为物质资料的生产是人类社会生存和发展的首要条件。为了维持基本的社会生活和生产，人们必须进行生产和再生产，以便获得满足生活和生产的各种物质资料。无论任何社会，都要进行社会生产和交换。正如马克思所说："任何一个民族，如果停止劳动，不用说一年，就是几个星期，也要灭亡，这

---

[1] 恩格斯：《反杜林论》，人民出版社2015年版，第279页。
[2] 同上书，第289页。

是每一个小孩都知道的。"[1] 恩格斯指出，科学社会主义决不是天才思想家的新发现，而是客观历史发展的合乎规律的必然结果。

另一方面，历史唯物主义认为阶级的划分同样是由生产决定的。在原始社会，生产不发达，尚未出现剩余产品，社会成员都要参加劳动，大家都是平等的。然而，随着生产的发展，在原始社会末期，开始出现剩余产品，一些人开始不劳动而依靠占有他人的剩余产品而生活。这就开始有了剥削，开始产生了阶级。因此，恩格斯总结道："一切社会变迁和政治变革的终极原因，不应当到人们的头脑中，到人们对永恒的真理和正义的日益增进的认识中去寻找，而应当到生产方式和交换方式的变更中去寻找；不应当到有关时代的哲学中去寻找，而应当到有关时代的经济中去寻找。"[2] 恩格斯强调，资本主义社会的基本矛盾是资本主义社会一切矛盾的基础。人们对旧的社会制度的不满，归根结底是对建立在旧的经济关系上的旧的社会制度的不满。由于经济关系发生了新的变化，反映在旧的经济关系上的旧的社会制度已经不能适应新的经济关系的新变化了。换句话来说，随着生产力的发展，出现了社会化大生产，而社会化大生产与旧的资本主义的生产方式有着根本的矛盾和冲突，而社会生产方式的变革必然导致社会制度的变革。

其次，恩格斯揭露了资本主义社会的基本矛盾和历史趋势。恩格斯指出，社会化生产与资本主义私人占有之间的矛盾是资本主义的基本矛盾。新的社会化大生产特征如下：一是生产资料社会化。资本主义在发展过程中不断地实现着大鱼吃小鱼的过程。这就使原

---

[1]《马克思恩格斯选集》第4卷，人民出版社1995年版，第580页。
[2] 恩格斯：《反杜林论》，人民出版社2015年版，第289页。

知识链接

生产资料社会化

生产资料社会化，是所谓生产社会化主要表现的一个方面。生产社会化是马克思、恩格斯对第一次工业革命到第二次工业革命初期资本主义生产力发展和生产力社会存在的理论概括，是社会主义经济建立的客观依据和逻辑前提。从马克思经济哲学的角度来看，其总体内涵是指生产由自然经济中缺乏社会联系而相对孤立、封闭的状态，向普遍的社会联系发展的过程。而生产资料的社会化，主要指的是生产资料使用的社会化，即大机器代替了手工工具，生产资料集中使用。是指资本主义在其发展过程中，通过掠夺等手段不断地吞并那些小生产者，将那些分散的小的生产资料加以集中和扩大，成为现代化强大的生产手段，生产资料从单个人分散使用变为大批劳动者共同使用的社会化生产资料。

产品社会化

产品社会化，是所谓生产社会化的主要表现的三个方面之一，是与生产资料和生产过程的社会化相适应且密不可分

> 的。主要指的是产品由个人的产品转变为许多人的共同产品，也就是说，产品必须依次经过许多人的手，然后才能变成成品。即生产出的产品通过交换供应整个社会。在资本主义社会中，任何一个企业或部门的产品，不仅是该企业或部门的产品，而且是许许多多劳动者共同劳动的产品，是社会生产多导致的产品。正像恩格斯所说的那样："他们当中没有一个人能够说：'这是我做的，这是我的产品。'"

来分散的小生产被集中和扩大化。二是生产过程社会化。生产过程开始由一系列的个人行动，变成了一系列的社会行动。企业和社会的分工越来越细、生产的专业化程度越来越高、部门间的联系依赖性越来越强。所有的生产过程开始融合为一个共同的社会化过程。三是产品社会化。工厂生产出来的产品已经是许多个工厂工人共同劳动的产品。一方面是生产的社会化，另一方面却是生产资料私人占有，社会化大生产和资本主义生产资料私人占有之间便出现了不可调和的矛盾，社会生产力和资本主义生产关系的矛盾成为资本主义生产方式的基本矛盾。随着资本主义的进一步发展，资本主义生产方式的基本矛盾日益尖锐化，开始出现规模和强度不断扩大的经济危机。

恩格斯在《反杜林论》中总结了1825—1878年资本主义社会发生过的6次大规模的经济危机，总结了经济危机的实质和特点：其一，资本主义经济危机是生产过剩的危机。所谓生产过剩，并不是生产的东西多得消费不了，而是指劳动人民低下的购买力。其二，资本主义经济危机是周期性的。自1825年英国爆发经济危机后，大约每10年左右，资本主义社会就要爆发一次大规模的经济危机。而每一次经济危机总要经历一个危机、萧条、复苏和高涨的较长周期。而高涨，又预示着下一次经济危机。经济危机给资本主义社会造成了巨大的灾难，给无产阶级和广大劳动人民带来了极大的痛苦。危机期间，产品滞销、工厂关门、工人失业。恩格斯指出："社会的物质生产力发展到一定阶段，便同它们一直在其中运动的现存生产关系或财产关系（这只是生产关系的法律用语）发生矛盾。于是这些关系便由生产力的发展形式变成生产力的桎梏。那时社会革命的时代就到来了。随着经济基础的变更，全部庞大的上层建筑也或慢或快地发生变革……我们判断一个人不能以他对自己的看法为根据，同样，我们判断这样一个变革时代也不能以它的意识为根据；相反，这个意识必须从物质生活的矛盾中，从社会生产力和生产关系之间的现存冲突中去解释。"[1] 经济危机深刻表明资本主义社会的基本矛盾已经到达了极为激烈的状态，资产阶级及资本主义制度已经无法驾驭新的社会生产，也就是说，新的生产力要求改变旧的生产关系，改变生产资料的资本主义私有制。

最后，恩格斯指明了无产阶级的历史任务是通过社会主义革命，建立社会主义社会。马克思指出："当文明一开始的时候，生产就开始建立在级别、等级和阶级的对抗上，最后建立在积累的劳动和直接的劳动的对抗上。没有对抗就没有进步。这是文明直到今天所遵循的规律。"[2] 要解决资本主义生产方式的基本矛盾，必须消

---

[1]《马克思恩格斯选集》第2卷，人民出版社1995年版，第32—33页。
[2]《马克思恩格斯全集》第4卷，人民出版社1958年版，第104页。

灭以生产资料私有制为基础的资本主义生产关系，建立生产资料公有制为基础的新的生产关系，适应社会大生产的要求。然而，资产阶级绝对不会自动退出历史舞台，这就必须依靠无产阶级，通过

知识链接

产业后备军

产业后备军，也称劳动后备军，是资本主义发展的必要条件，是资本主义社会存在的相对过剩人口，是资本积累的必然产物。产业后备军也可以简称为"失业军"或"失业大军"，是劳动现役军的对称。在马克思、恩格斯提出这个概念的时候，特指经常存在于资本主义社会中的大量失业和部分失业但处于积极寻找工作状态的劳动人口。在资本主义社会中，当资本家感到需要劳动力时，就从产业后备军中选雇；而当资本家不再需要劳动力时，就随时将工人解雇，抛进产业后备军。由于对应关系，资本家还往往用产业后备军的存在来威胁"劳动现役军"，压低在业工人的工资、延长工时，增加劳动强度和恶化劳动条件等，这成为资本家对付工人阶级的有力武器。而且随着产业后备军的扩大和在业工人生活条件的恶化，使整个无产阶级更加贫困化。所以在资本主义制度下，永远不可能消灭失业现象，也永远不可能真正改善工人的处境。

恩格斯在《反杜林论》中总结了资本主义社会经济危机的实质和特点。自1825年英国爆发经济危机后，大约每10年左右，资本主义社会就要爆发一次大规模的经济危机。图为20世纪30年代美国大危机期间失业者排队等待救济的场景 吴雍/供图↑

社会主义革命，建立起无产阶级专政的国家。对此，恩格斯指出："用'历史唯物主义'这个名词来表达一种关于历史过程的观点……这种观点认为一切重要历史事件的终极原因和伟大动力是社会的经济发展，是生产方式和交换方式的改变，是由此产生的社会之划分为不同的阶级，是这些阶级彼此之间的斗争。"[1] 恩格斯强调两点：其一，社会主义革命必须依靠无产阶级完成，这是由无产阶级的阶级地位和阶级性质所决定的。尽

[1]《马克思恩格斯选集》第3卷，人民出版社1995年版，第704—705页。

管如此，无产阶级要同各个阶级，尤其是广大的小生产者结为同盟，以便取得革命的胜利。其二，无产阶级要解放生产力，改变资本主义的生产关系，必须通过彻底改变资本主义制度，实现无产阶级专政来完成。革命的本质问题是政权问题。无产阶级革命的本质问题就是通过暴力革命，打碎资产阶级的国家机器，建立无产阶级专政的国家。将资本主义私有制下的生产资料转化为无产阶级国家公有，实现共产主义。在共产主义社会里生产资料归全社会共同占有。劳动者的社会地位发生根本的转变。由过去的资本家的奴隶，成为国家和社会的主人。在共产主义社会中，国家也将自动消亡。总之，无产阶级的历史任务就是解放全人类、解放全世界；而科学社会主义的任务就是为无产阶级完成其历史任务提供强大的理论武器。

二、科学社会主义的基本原理

第三章《生产》是《反杜林论》的重点章节。恩格斯在分析资本主义的基本矛盾及其产生和发展过程的基础上，论证了社会主义代替资本主义的历史必然性，勾勒了未来社会的基本特征。

杜林的社会主义理论建立在其唯心史观的基础之上。在杜林看来，社会主义是社会的自然体系，其终极真理必然基于普遍的公平原则。以此为基础，杜林建立了独特的危机理论。认为危机仅仅是资本主义社会生产方式的偶然现象，而不是资本主义的本质；危机的起因也不是生产过剩，而是消费不足。不仅如此，在杜林的"共同社会"中，城市与农村分离、脑力劳动与体力劳动分离，从事一

19世纪初英国工人阶级第一次全国性反对资本主义制度的政治运动——宪章运动的场景 文化传播/供图↑

种生产劳动的人永远从事此项劳动。每一个经济公社都对劳动资料具有财产权，但是因为经济公社是分离的，所以就有了贫富差距，杜林设定社员可以从贫穷的公社迁往富裕的公社，那么，必然会破坏公社的财产权。因此，杜林的"共同社会"就是一个所有制混乱，甚至是自相矛盾的社会。

因此，该章一开篇，恩格斯就以阐述历史唯物主义基本原理为基础，指出社会变迁、政治变革的根本原因是生产方式的变革所引发的生产方式的矛盾。也就是说，资本主义生产方式的基本矛盾，即生产的社会化同生产资料私人占有之间的矛盾，是资本主义制度必然灭亡的根本因素。以此为基础，无产阶级和资产阶级之间不可调和的矛盾是资本主义生产方式基本矛盾的集中表现;而一些工厂生产的有序化与整个社会生产的无序化是资本主义生产方式基本矛盾的特殊表现。这两对矛盾,伴随着资本主义生产方式的始终,决定着资本主义制度走向灭亡的历史必然性。

在第三章中,恩格斯批判了杜林否认社会主义是历史发展必然产物的错误观点。以此为基础,阐明了马克思关于分工问题的基本理论。杜林认为经济危机是对常态的偶然偏离,是由人民消费落后引发的,是个别企业家急躁和个人考虑不周的必然结果。恩格斯指出,群众消费不足,是所有阶级社会普遍存在的现象;而经济危机,则是资本主义社会的特有现象。因此,群众消费不足可以看作是资本主义经济危机的前提条件,但却不是资本主义社会经济危机的根本原因。科学社会主义认为资本主义基本矛盾的发展必然导致经济危机,经济危机的周期性爆发促使资本主义矛盾尖锐化,加速资本主义制度的灭亡,从而为社会主义革命创造了条件。

恩格斯明确指出:"到目前为止的一切生产的基本形式是分工,一方面是社会内部的分工,另一方面是每一单个生产机构内部的分工。"[1] 社会的发展归根结底是社会生产力和社会分工发展的结果。由于社会生产力的发展,产品出现了剩余,部落首领将这些剩余产品据为己有,这便是畜牧业和农业相分离的第一次社会大分工。接着社会发展出现了第二次大分工,手工业和农业分离,这就进一步扩大了生产者对生产资料及产品的独立占有。公有制逐渐向私有制过渡,社会出现了阶级。阶级的产生,又加深了分工的进一步发展。分工进一步提高了劳动生产的效率,手工工人只从事一道工序、运

---

[1] 恩格斯:《反杜林论》,人民出版社2015年版,第313页。

用一种技术，劳动进一步简化了。恩格斯指出，杜林没有看到旧式分工的恶果——旧式分工加深了人对生产资料的依赖，使生产资料支配生产者，造成人们在精神和肉体上双方面的牺牲。而在资本主义社会中，资本家为了谋取个人利益，不得不保持这种旧式分工。因此，为了使人的体力和智力得到全面发展，必须消灭旧式分工，消灭城乡对立。消灭脑力劳动和体力劳动的对立，消灭私有制。

恩格斯还进一步强调，在阶级社会中，分工具有社会历史性。不同社会的分工形式是由其社会历史发展水平决定的，但是，随着社会生产力的进一步发展，原有的分工形式就会逐渐成为阻碍社会生产力发展的因素。于是，通过分工形式发展起来的社会生产力，

知识链接

急进的平均的社会主义

急进的平均的社会主义，是恩格斯对杜林社会主义理论的概括总结。杜林认为，建立在平等和正义的永恒的道德原则之上的世界，是脱离了剥削者的恶世界的理想的经济公社。在经济公社中，一切都是完全平等的。任何行为，只要花费了时间和力量都是工作，因而具有同等的价值，不论是复杂劳动，还是简单劳动，完全同等，没有区别。这无异于宣布散步、玩耍同劳动生产在价值上等同。显然，这是不可能实现的。

反过来要求消灭分工，以使社会发展到更高级的阶段。

在第四章中，恩格斯通过批判杜林的分配观点，指明杜林的社会主义是小资产阶级的社会主义。杜林认为分配和生产没有丝毫关联。分配不是由生产来决定的，而是自由意志的结果。马克思主义认为生产方式决定分配方式，人们对于社会的产品分配取决于生产资料的分配，而社会当中占统治地位的所有制形式则决定生产资料分配的性质。也就是说，资本主义的生产方式决定资本主义的分配方式。只有变革资本主义的生产方式，才能变革资本主义的分配方式。杜林试图用普遍公平原则来代替资本主义的分配方式。这种分配原则规定：不管个别人所生产的物品多少，少些多些，甚至偶然丝毫没有，都可以获得同等工资和同等消费的权利，获得所有生产的产品的全部价值。显然，这种分配原则是荒唐的，生产者的能力需求，家庭背景都不尽相同，因而，这种看似平等的分配原则在本质上却是不平等的。在杜林的"共同社会"中，分配必须通过货币流通、商品交换来实现。只有如此，才能实现他的普遍公平原则。恩格斯指出："这样，二者必居其一：或者是经济公社以'等量劳动和等量劳动'相交换，在这种情况下，能够积累基金来维持和扩大生产的，就不是公社，而是私人。或者是它要建立这种基金，在这种情况下，它就不能以'等量劳动和等量劳动'相交换。"[1] 杜林显然是陷入了某种自我矛盾。一方面，普遍的公平原则要求等量的劳动交换等量的劳动；另一方面，扩大再生产要求适度增加高等工作者的消费品。到此，杜林普遍的公平原则自我消解了。

恩格斯深刻地指出，消费的增长，同分配的真正平等的实现一

---

[1] 恩格斯：《反杜林论》，人民出版社2015年版，第326页。

样,只能依靠社会生产力的发展,而为了发展生产,必须要有积累。杜林以普遍的公平原则建立的劳动价值理论,只能是一种空想,尽管空想也会有人吹捧,但是,结果不难预见:"我们现代的唐·吉诃德,无论怎样傲慢地骑上他的高贵的洛西南特——'普遍的公平原则',在他的威武的桑乔·潘萨——阿伯拉罕·恩斯的跟随下,来作骑士的远征以夺取曼布里诺的头盔——'劳动的价值',我们还是担忧,非常担忧,他除了大家知道的理发用的旧铜盆以外,什么也拿不到家里去。"[1]

马克思主义认为,商品生产和货币流通在共产主义社会将会消亡。杜林的错误就在于把它们看作是永恒存在的。对此,恩格斯深刻指出:在未来高度发展的共产主义社会,不再存在商品生产,直接的社会生产以及直接的分配不需要任何商品生产和商品交换,不需要任何产品转化为商品。这一切必须通过变革资本主义生产方式来完成。

在第五章中,恩格斯通过批判杜林关于国家、宗教、家庭、教育等问题的思想,阐述马克思关于国家、宗教、家庭、教育等的观点。

首先,就国家问题而言,在《哲学教程》中,杜林提出人的主权决定国家的基础,认为只有个人的主权才能引申出真正的权利。恩格斯指出杜林的国家思想,是对卢梭的国家观、黑格尔的法哲学进行抄袭得来的。早在法国资产阶级革命时,卢梭就提出了主权在民、国家产生于社会契约等观点;黑格尔认为,国家是在地上的精神,因此,人民必须无条件服从。恩格斯深刻地指出杜林的国家观

---

[1] 恩格斯:《反杜林论》,人民出版社2015年版,第337页。

无非是对上述二者国家观的混搭。以此为基础，马克思主义的国家观认为国家是阶级矛盾不可调和的产物，是阶级压迫的工具。国家是伴随着阶级的出现而产生的，到了共产主义社会，阶级消亡后，国家也将不复存在。

其次，就宗教问题而言，杜林认为在未来社会里，不存在任何膜拜。恩格斯指出："一切宗教都不过是支配着人们日常生活的外部力量在人们头脑中的幻想的反映，在这种反映中，人间的力量采取了超人间的力量的形式。"[1] 恩格斯指出宗教的产生有其深刻的社会和认识根源，是由人们的社会存在所

19世纪中期，在英国伦敦的一家工厂中，童工们在监工的打骂下劳动，遭受残酷的压迫和剥削 文化传播/供图↑

---

[1] 恩格斯：《反杜林论》，人民出版社2015年版，第340页。

决定的。比如，在资本主义社会，社会生产力有了很大的发展，按常理来说，宗教应该有所削弱。但是，资产阶级为了维护其统治和剥削，极力加强宗教。因此，在资本主义社会里，宗教不仅没有消失，反而极为盛行。因此，恩格斯深刻地指出：宗教的消亡，单凭认识是不够的，还需要进行社会主义革命。而就通过社会主义革命来消除宗教而言，恩格斯否定了杜林企图强制消灭宗教的思想。他指出，强行消灭宗教，不仅不能达到消灭宗教的预期效果，反而会激起宗教徒的反抗，延长宗教的寿命。因此，宗教消亡，应该循序渐进，不能采取政治上的冒进主义。恩格斯指出，宗教有其产生的社会历史根源。消灭宗教的前提是消灭资本主义制度，解放全人类，让人成为社会和自然的主人，而自然和社会的异己力量成为人的支配力量，宗教便自然而然会消失了。

再次，就家庭问题而言，杜林提出在未来社会里，家庭不仅是教养儿童的单位，还是继承遗产的单位。恩格斯指出，杜林这是把资产阶级的家庭形式搬进了未来社会。马克思主义认为家庭的性质和职能是由社会生产关系决定的，所以，必然随着人类社会生产方式的发展而发展。资本主义社会中资产阶级家庭作为养育子女的单位和社会的经济单位的存在方式也是由资本主义的经济基础所决定的，是搬不进未来社会的。

最后，就教育问题而言，杜林列出了详细的教育计划，但是就教育的内容而言，却一笔抹去了对历史的继承，认为以前的历史一钱不值，极力反对吸收先进经验和实际教育。马克思主义教育观认为，教育是为无产阶级政治服务的，教育是要与生产劳动相结合的。

第六章 《反杜林论》与加强新时代的党性修养

马克思主义哲学深刻揭示了客观世界特别是人类社会发展一般规律，在当今时代依然有着强大生命力，依然是指导我们共产党人前进的强大思想武器。

2013年12月3日，习近平总书记在十八届中央政治局第十一次集体学习时强调，马克思主义哲学深刻揭示了客观世界特别是人类社会发展一般规律，在当今时代依然有着强大生命力，依然是指导我们共产党人前进的强大思想武器。我们党自成立起就高度重视在思想上建党，其中十分重要的一条就是坚持用马克思主义哲学教育和武装全党。学哲学、用哲学，是我们党的一个好传统。历史和现实都表明，只有坚持历史唯物主义，我们才能不断把对中国特色社会主义规律的认识提高到新的水平，不断开辟当代中国马克思主义发展新境界。社会基本矛盾总是不断发展的，所以调整生产关系、完善上层建筑需要相应地不断进行下去。改革开放只有进行时、没有完成时，这是历史唯物主义态度。要学习和掌握人民群众是历史创造者的观点，紧紧依靠人民推进改革。人民是历史的创造者。要坚持把实现好、维护好、发展好最广大人民根本利益作为推进改革的出发点和落脚点，让发展成果更多更公平惠及全体人民，唯有如此改革才能大有作为。中国共产党依靠科学走到今天，也必然要依靠科学走向未来。中国共产党对科学性的追求，集中表现在对科学的世界观和方法论的不懈探索上。启蒙思想家和空想社会主义者之所以没有立足在现实的基础上，其根本原因在于他们的世界观是唯心主义的，方法论是形而上学的。2013年3月1日，习近平总书记在中共中央党校建校80周年庆祝大会暨2013年春季学期开学典礼上的讲话中指出，好学才能上进。中国共产党人依靠学习走到今天，也必然要依靠学习走向未来。我们的干部要上进，我们的党要上进，我们的国家要上进，我们的民族要上进，就必须大兴学习之风，坚持学习、学习、再学习，坚持实践、实践、再实践。善于学习，是中国共产党人能够攻无不克、永葆生机的优势所在。据统计，十六届中央政治局进行集体学习共44次；十七届中央政治局进行集体学习共33次；十八届中央政治局进行集体学习共43次；十九届中央政治局进行集体学习共41次，集体学习的内容涉及经济、政治、法治、军事、党史党建，等等，不断用中国化的马克思主义武装头脑、指导实践。

作为马克思主义的创始人之一，恩格斯丰富和完善了马克思主义的基本理论，被誉为"第二提琴手"。恩格斯的《反杜林论》是对马克思主义的理论和现实在一段历史时期内的科学总结和概括，被誉为马克思主义的"百科全书"。《反杜林论》是科学的马克思主义诞生的标志。马克思主义的科学性表现在其是"进一步研究的出发点和供这种研究使用的方法"上。正如恩格斯曾经指出的："马克思的整个世界观不是教义，而是方法。它提供的不是现成的教条，而是进一步研究的出发点和供这种研究使用的方法。"[1] 一方面，从理论方面来说，经典著作是马克思主义永不枯竭的思想源泉，只有回到经典，才能促进马克思主义理论的与时俱进、推陈出新，实现马克思主义中国化的飞跃发展；另一方面，从实践角度来看，只有将马克思主义基本理论中的世界观和方法论应用到现实社会生活中去，认识问题、分析问题和解决问题，不断地理论联系实际，让马克思主义成为解决社会发展中存在的问题的方法论，才能成为马

---

[1]《马克思恩格斯文集》第10卷，人民出版社2009年版，第691页。

克思主义不竭的动力之源，才能推进中国特色社会主义事业不断向前发展。《反杜林论》的历史和现实意义的表现是多方面的，本章主要从《反杜林论》的科学性与加强新时代党性修养的现实维度来加以说明。

《反杜林论》是一部伟大的马克思主义著作，对国际共产主义运动，乃至整个马克思主义的发展史，都具有伟大的历史意义。《反杜林论》彻底粉碎了野心家、阴谋家杜林对马克思主义基本理论的歪曲与攻击，捍卫了马克思主义的世界观和方法论，巩固了德国社会主义工人党的团结与革命，推动了国际工人运动的进一步发展；《反杜林论》丰富和发展了马克思主义。《反杜林论》总结了从1847年发表《哲学的贫困》和1848年发表《共产党宣言》之后30多年国际工人运动的实践经验，阐述了马克思主义辩证法和世界观，总结了自然科学的最新成果，批判了形而上学和经验主义，发展了辩证唯物主义和历史唯物主义；《反杜林论》推动了马克思主义在世界范围内的传播。《反杜林论》的发表，对传播马克思主义起了巨大作用。它不仅深化了德国无产阶级的马克思主义思想理论水平，而且增强了德国社会主义工人党识别真假马克思主义的能力，增强了德国社会主义工人党，乃至世界无产阶级对共产主义的信心。《反杜林论》之所以能够完成其伟大的历史使命，归根结底，与其对科学性的态度和追求密不可分。一方面，是东拼西凑式的、摆杂货摊的杜林先生，对"货物"的生产者毫不尊重，对"货物"消费者"漫天要价"，肆意散布"虚假广告"，不守商业信用、不负社会责任；另一方面，则是运用科学成果、借鉴前人智慧、承担着解放无产阶级、解放全人类的历史使命的马克思主义者，对伪科学的鲜明态度，对社会需求的深刻洞察，对马克思主义的坚定信仰，对真理的一丝不苟，以及对历史趋势的犀利前瞻。恩格斯及其《反杜林论》写作和传播的整个过程，所贯穿着的对科学和真理的追求和向往，对改造客观世界和改造主观世界明辨是非的激励精神，对新时代加强中国共产党的党性修养具有重大现实意义。

一、党性要以科学性为支撑，加强党性修养首先要加强科学性

在《反杜林论》中，恩格斯在阐述辩证唯物主义和历史唯物主义的科学原理时，就对法国启蒙学派的社会政治学说作了科学分析。认为启蒙学派只从抽象的人性出发，以理性主义，即自由、平等、博爱、人权等理性原则为出发点和最终归宿。启蒙学派的目的是在这些原则的基础上建立理性王国的天堂。恩格斯一方面肯定了理性主义在法国资产阶级反封建的革命斗争中的促进作用；另一方面，指出在阶级对立的社会条件下，理性王国不过是作为统治阶级的资产阶级的理想王国，是与无产阶级无关的。恩格斯进一步剖析，启蒙学者思想中唯心主义世界观和形而上学方法论主要是由当时的历史条件和作为资产阶级的阶级地位所决定的。因此，所谓的自由，总而言之，就是资产阶级剥削压迫无产阶级和追求剩余价值的自由；人权就是资产阶级私有制的人权。按照这种原则建立的社会制度，必然就是充满压迫和剥削的资本主义制度。而剥削和压迫发展到一定程度，必然产生无产阶级的思想，即社会主义思想。空想社会主义就是在这样的历史条件下产生和发展起来的。

尽管三大空想社会主义者的理论批判和揭露了资本主义制度，

提出了一系列关于社会主义的合理主张。但是，却因为他们是在资本主义生产方式以及无产阶级和资产阶级对立程度不高的历史条件下产生的，因此，空想社会主义者大都和启蒙思想家一样，是从理性原则出发去空想未来。因为他们的世界观和方法论也是唯心主义和形而上学的，所以，他们解决社会问题的方法不是从社会的经济制度中去发现问题，而是在头脑里臆想；不是诉诸经济生产方式，而是诉诸理性。

以此为基础，恩格斯深刻地指出，为了使社会主义从空想变为科学，必须置于现实的基础上。恩格斯所谓的现实的基础，指的就是社会的经济基础。即从分析资本主义社会基本经济关系的基本矛盾出发，分析和解决问题。这就是辩证唯物主义和历史唯物主义的世界观和方法论的具体表现。也就是说，要使社会主义由空想变成科学，必须克

以实践思维方式为基础，马克思的历史唯物主义实现了历史性、唯物性和辩证性的相互贯穿和内在统一，终结了形而上学的本体论。图为马克思雕像　时耘 / 供图↑

服唯心论和形而上学，正如恩格斯在《社会主义从空想到科学的发展》德文第一版序言中所指出的："科学社会主义本质上就是德国的产物，而且也只能产生在古典哲学还生气勃勃地保存着自觉的辩证法传统的国家，即在德国。唯物主义历史观及其在现代的无产阶级和资产阶级之间的阶级斗争上的特别应用，只有借助于辩证法才有可能。"[1]这句话深刻地指出了唯物辩证法的创立同科学社会主义产生之间的密切关系。

形而上学的思想方法阻碍人们从现实的发展中，从旧的到新的转化中，了解现实；辩证法以其本质上的批判性和革命性，对人类社会作出正确的分析，找出社会发展的科学规律。因此，恩格斯在《反杜林论》的《概论》中浓墨重彩地比较两种世界观的不同，以及唯物辩证法产生的重要意义。需要指出的是，马克思主义唯物辩证法的产生不是凭空臆想出来的，而是在同形而上学的世界观和方法论进行的长期斗争中产生的。

从19世纪马克思主义初步形成，到今天经历了近两个世纪发展同样证明了科学的世界观和方法论对于党的建设的重大意义。历史表明：什么时候无产阶级政党坚持了科学的世界观和方法论，即坚持了辩证唯物主义和历史唯物主义，什么时候我们的路线方针政策就会是正确的和拥有不竭力量的，因而，党性必然表现为充满正能量的和空前加强的；什么时候我们偏离了辩证唯物主义和历史唯物主义的世界观和方法论，我们的路线方针政策就会出现这样那样的问题，就会走这样那样的弯路，因而，党性也往往表现为怠惰和松散。

...

[1]《马克思恩格斯选集》第3卷，人民出版社1995年版，第691—692页。

可见，党性要以科学性为支撑，加强党性不能仅仅就加强党性而加强党性，加强党性首先要加强科学性。对此，习近平同志早在 2009 年中央党校秋季学期第二批进修班开学典礼上就明确指出：在人类改造自然、改造社会的创造性实践中，马克思主义政党要始终起到最坚决、最有力的推动作用，引导社会发展进步，保持党在实践上的先进性，同样必须重视学习、善于学习。这是因为，以人民群众为主体的社会实践具有一往无前的革命性品格，探求未知的道路上会不断遇到各种新情况新问题，需要有远大的目光和开拓奋进的勇气，需要掌握和运用人类创造的最新理论成果、最新科学知识及时总结经验、深刻揭示规律、科学预见未来。在这一过程中，马克思主义政党不仅自身要认真学习，努力成为学习型政党，而且要以自己的示范行动促进学习型社会建设，充分激发全社会创造活力，共同推动社会向前发展。我们党作为马克思主义执政党，始终是中国工人阶级先锋队、同时是中国人民和中华民族的先锋队，始终代表中国先进生产力的发展要求、代表中国先进文化的前进方向、代表中国最广大人民的根本利益，始终走在时代前列引领中国发展进步，必须努力掌握和运用一切科学的新思想、新知识、新经验，努力成为学习型政党。

中国共产党人依靠学习走到今天，也必然要依靠学习走向未来。正是学习背后的科学性，以及对不断学习、追求真理的执着，承载了"中国共产党为什么能"的秘密。也正是通过不断学习，中国共产党才能够战胜一切困难，尤其是在一些革命、建设和改革的关键时期，依然能够把牢方向、定准方位、战无不胜、攻无不克。建党初期，在党团林立的历史背景下，中国共产党的脱颖而出、一枝独秀是因为在"向谁学、学什么"的问题上找到了马克思列宁主

整风运动是中国共产党历史上第一次大规模的整风运动。图为油画《延安整风报告》 海峰/供图

义；整风运动时期，及时纠正主观主义、教条主义，也是因为中国共产党学习理论的基本框架、立场和方法论的理论基础是马克思主义；改革开放时期，面对马克思主义经典作家未曾遇到过的新情况新问题，我们党没有退缩，中国共产党"摸着石头过河"、开辟中国道路的方法论基础也是马克思主义；经济全球化的背景下，党的十七届四中全会正式提出建设学习型政党的重大战略，其依据依然是马克思主义；党的十八大以来，习近平总书记以身作则，就加强党员干部的学习、建设学习型政党、推进国家治理体系和治理能力的现代化等问题，提出的一系列新思想、新观点、新论述，其根本理论遵循

都是马克思主义。

马克思主义中国化的过程，与中国共产党的成立和发展的过程是同一个过程。实践证明，中国共产党光荣地完成了在中国学习和传播马克思主义科学体系的历史使命。2014年5月22日，在出席亚信峰会后与外国专家座谈时，习近平主席提出"中国要永远做一个学习大国"，高瞻远瞩、继往开来地总结了中国共产党与学习、科学是息息相关的共同体。过去，中国共产党在学习马克思主义的过程中起家、发展、壮大，救亡图存、强国富民；现在，中国共产党在学习马克思主义的过程中实现中华民族伟大复兴的中国梦；未来，中国共产党在学习马克思主义的过程中，必然能够承担起维护世界和平、建设和谐世界，为人类发展作出巨大贡献的历史使命。习近平主席提出的"中国要永远做一个学习大国"，是历史经验的概括、时代旋律的总结，更是以马克思主义科学理论武装起来的、代表中华民族和中国人民坚强意志和根本利益的中国共产党所表现出来的高度的自觉、自信和自强。

二、加强党性具有过程性，加强党性的过程往往也是同非党性斗争的过程

习近平总书记指出，马克思主义产生和发展、社会主义国家诞生和发展的历程充满着斗争的艰辛。建立中国共产党、成立中华人民共和国、实行改革开放、推进新时代中国特色社会主义事业，都是在斗争中诞生、在斗争中发展、在斗争中壮大的。改革发展稳定任务艰巨繁重，我们面临着难得的历史机遇，也面临着一系列重大

风险考验。胜利实现我们党确定的目标任务，必须发扬斗争精神，增强斗争本领。加强党性不是一蹴而就的，而是与历史时代的变化，与社会现实密切相关的。党性的加强具有社会历史性，要紧密结合历史条件和社会背景开展。正因如此，习近平总书记强调："我们面临的各种斗争不是短期的而是长期的，至少要伴随我们实现第二个百年奋斗目标全过程。"[1]

《反杜林论》的产生，极大地巩固了马克思主义在世界无产阶级革命中的领导地位，加强了马克思主义在世界范围内的广泛传播。然而，《反杜林论》的产生却不是恩格斯主观臆想的结果，而是在同杜林等非马克思主义者、反马克思主义者进行坚决而持续的斗争的过程中产生的。例如，在《反杜林论》中，恩格斯在同杜林超历史、超民族、超阶级的普世道德理论斗争的同时，系统论述了"人的思维是至上的，同样又是不至上的"马克思主义道德论；在同杜林"永恒真理"的斗争中，论述了马克思主义的真理观，等等。

历史和实践反复证明，每当我们党和国家建设发展顺利、呈现出昂扬向上的良好态势的时候，各种反党势力总会兴风作浪。而中国共产党人迎难而上、敢于斗争的过程，恰恰也是加强党性修养的过程。中国共产党人的斗争，从来都是直面矛盾、紧抓问题的。中国特色社会主义事业进入新时代，当前和今后的很长一段历史时期内，我国的发展面临的重大斗争不但不会比从前少，反而各种风险挑战会不断积累，甚至越来越复杂。因此，党员干部要有草摇叶响知鹿过、松风一起知虎来的一叶知秋、见微知著的能力，要有对潜

---

[1]《发扬斗争精神增强斗争本领 为实现"两个一百年"奋斗目标而顽强奋斗》，《人民日报》2019年9月4日。

在风险的科学预判能力、要具备应对风险挑战的斗争能力。

习近平总书记指出,当今世界正处于百年未有之大变局,我们党领导的伟大斗争、伟大工程、伟大事业、伟大梦想正在如火如荼进行,改革发展稳定任务艰巨繁重,我们面临着难得的历史机遇,也面临着一系列重大风险考验。胜利实现我们党确定的目标任务,必须发扬斗争精神,增强斗争本领。中国共产党成立100多年来,在革命、建设和改革的各个历史时期,都高度重视在同反党势力的斗争中加强党性。在革命时期,正是革命先烈勇于献身的光辉党性唤起被压迫阶级的革命热情,在同帝国主义、封建主义和

习近平总书记在中国共产党第二十次全国代表大会上的报告中指出:中国共产党为什么能,中国特色社会主义为什么好,归根到底是马克思主义行,是中国化时代化的马克思主义行。图为党的二十大会场　中新图片／蒋启明↑

第六章　《反杜林论》与加强新时代的党性修养

官僚资本主义的斗争中，取得最终的胜利，建立起人民当家作主的新中国；在建设时期，正是新中国建设者们艰苦奋斗的党性引领全国各族人民团结奋斗，改变了新中国一穷二白的面貌，建设起一个崭新的中国；在改革开放时期，正是改革先驱百折不挠的党性铸就了全国上下昂扬的干劲儿，使东方巨龙重新屹立于世界民族之林。正如习近平总书记所指出的，中国共产党为什么能，中国特色社会主义为什么好，归根到底是马克思主义行，是中国化时代化的马克思主义行。历史的经验告诉我们，经济建设是中国特色社会主义道路的基石。经济建设的基石铺多长、铺多厚，决定着中国特色社会主义道路能够走多远；而党的建设是中国特色社会主义道路的方向。党的建设的方向指到哪儿、指向什么，决定着中国特色社会主义道路能够走多长。而就党的建设的方向而言，中国共产党是以马克思主义为理论基础的。

习近平总书记指出，宣传思想工作的环境、对象、范围、方式发生了很大变化，但宣传思想工作的根本任务没有变，也不能变。宣传思想工作就是要巩固马克思主义在意识形态领域的指导地位，巩固全党全国人民团结奋斗的共同思想基础。尽管各种反党的形式五花八门，如恶意攻击党的领导人、攻击社会主义制度、歪曲党史国史，其根本目的无非都是要遏制中国、颠覆中国的社会主义制度。搞清楚这一点，问题就解决一半了。因此，加强党性修养，首先必然要同非马克思主义的、反马克思主义的理论划清界限，这是由意识形态的本质所决定的。意识形态总是特定阶级的意识形态，归根结底是为特定阶级的利益服务的。因此，意识形态具有鲜明的方向性。

意识形态指向哪儿，一个政党的指导思想、政治纲领、目标诉

求，以及相关的政治措施就指向哪儿。可见，意识形态的方向决定一个政党的方向，决定一个国家的道路。而就意识形态而言，其确立相对而言不是那么复杂。只要能够反映特定阶级的利益诉求，并集中表达明确的社会理想和政治主张即可；难就难在意识形态的建设上。因为一般而言，一个发展势头向上的执政党，在建立初期，往往都有着鲜明的意识形态指向，即非常清楚自己"依靠谁、为了谁"；但是，执政党却又往往可能在长期执政的过程中，逐渐丧失其对意识形态的敏感度和关注度，进而失去对非意识形态和反意识形态的鉴别和抵御能力，最终丧失对意识形态的领导权。

中国共产党始终把为中国人民谋幸福、为中华民族谋复兴作为自己的初心和使命，历经百年奋斗伟大征程，从根本上改变了中国人民的前途命运，展示了马克思主义强大生命力。图为庆祝中国共产党成立100周年文艺演出《伟大征程》 中新图片/韩海丹↑

正因如此，习近平总书记多次在讲话中反复强调我们党要不忘初心："我们要永远保持建党时中国共产党人的奋斗精神，永远保持对人民的赤子之心。一切向前走，都不能忘记走过的路；走得再远、走到再光辉的未来，也不能忘记走过的过去，不能忘记为什么出发。"[1] 初心就是我们的党性，加强党性修养，就是要在实际的学习和工作中，始终做到知行合一、心物一体。

放眼新时代，习近平总书记指出，中华民族伟大复兴，绝不是轻轻松松、敲锣打鼓就能实现的，实现伟大梦想必须进行伟大斗争。在前进道路上我们面临的风险考验只会越来越复杂，甚至会遇到难以想象的惊涛骇浪。这就要求每一名党员都要做好打"持久战""长期战"的准备，在理论和实践中，深刻领悟"两个确立"的决定性意义，不断增强"四个意识"、坚定"四个自信"、做到"两个维护"，不断在两个世界的改造中砥砺斗争意志、提高斗争本领、增强斗争精神。

三、加强党性修养是个系统工程

2021年1月22日，习近平总书记在十九届中央纪委五次全会上强调："以庆祝建党100周年为契机，引导党员、干部加强党性锻炼、党性修养。"加强党性修养是个系统工程，这不仅表现在加强党性修养具有鲜明的时代特征上。更表现在加强党性修养丰富的具体内容上。就前者而言，尽管加强党性修养的核心是党性与人民

---

[1] 习近平：《在庆祝中国共产党成立95周年大会上的讲话》，《求是》2021年第8期。

性的统一,但是,不同的社会历史条件下,党性与人民性的统一具有鲜明的时代特征;就后者而言,加强党性修养涵盖了经济政治、思想道德、道德纪律、本领能力等诸多方面的内容。党的十九大报告指出,政治建设在党的建设中居于首要地位,把政治建设作为党的建设的统领,充分表明"旗帜鲜明讲政治"是新时代党性修养的根本要求。这就要求我们在加强党性修养的过程中,不能单打独斗,而是要将加强党性修养与加强党的建设、与意识形态斗争,甚至与国家整体安全放在一起统筹安排和考虑。

党性,顾名思义,指的是个体党员在社会实践中所体现出来的特性。可见,党性本身就是一个较为宽泛的概念。就其内容而言,党性是涵盖了世界观、人生观、价值观、权力观、利益观、事业观、政治观、道德观等在内的概念。评价一个党员是否有党性,首先,要看他是否具有科学的世界观,世界观是党性的基础,而科学的世界观的形成本身就是一个长期的过程。其次,要看他政治立场是否坚定,政治坚定是党性的主要内容,而坚定的政治立场,也必然来自个体

旗帜鲜明讲政治是马克思主义政党的鲜明特征。图为人民出版社出版的《关于加强党的政治建设的意见》封面 海峰 / 供图↑

第六章 《反杜林论》与加强新时代的党性修养 **215**

党员在具体的成长和工作中，日积月累地捍卫党和人民的利益。最后，要看他理想信念是否崇高，崇高的理想信念是党性的保障，更是"路漫漫其修远兮"的过程，正如习近平总书记所指出的，我们党作为百年大党，如何永葆先进性和纯洁性、永葆青春活力，如何永远得到人民拥护和支持，如何实现长期执政，是我们必须回答好、解决好的一个根本性问题。我们党要求全党同志不忘初心、牢记使命，就是要提醒全党同志，党的初心和使命是党的性质宗旨、理想信念、奋斗目标的集中体现，越是长期执政，越不能忘记党的初心使命，越不能丧失自我革命精神。正因为党性自身不会随着党龄的增加而自然提高增加，不会随着职务的升迁而自然升迁，反而可能随着时间的更迭，环境的变化而自然削弱；再加之，加强党性需要应对的是纷繁复杂的外部条件。因此，加强党性光靠单打独斗是不行的，需要结合党的建设、意识形态斗争，甚至国家整体安全形成一个系统工程。就像恩格斯的《反杜林论》一样，《反杜林论》在批判杜林的同时，提供给我们的是一整套马克思主义的系统方法。

杜林的理论体系是极为繁杂的，涉及数学、天文学、力学、物理学、化学、生物学等自然科学；涉及法学、经济学、伦理学、社会学、教育学、哲学、哲学史、历史等社会科学。恩格斯就一步不差地跟随杜林进入这个繁杂的体系，以自己严谨的态度、求真的精神，系统地瓦解杜林的海市蜃楼。以此为基础，系统全面地阐述了马克思主义三个基本组成部分。同时，从这三个部分的内在联系中，确立起完整的马克思主义理论体系。其科学性、系统性决定了其实用性和真理性。也就是说，经典之所以为经典，并不在于它提供了什么终极真理，而在于它揭示了解释和改造世界的系统方法。《反杜林论》之所以能够常读常新，就在于处于不同历史时期、有

着不同现实需要的人，在研读它时，总能获得认识和解决问题的系统的方法论，尽管时代在变、问题在变，但是，认识和解决问题的基本原则不变。因此，我们在学习《反杜林论》和其他马克思主义经典著作的时候，要主动将自己在思想和工作实际中的具体问题同马克思主义基本原理相结合，不断运用马克思主义的立场、观点和方法，提高自身贯彻执行党的基本理论、基本路线、基本方略的党性。

习近平总书记指出，马克思主义政党的先进性和纯洁性不是随着时间推移而自然保持下去的，共产党员的党性不是随着党龄增长和职务提升而自然提高的。初心不会自然

党性上的坚定都离不开理论上的坚定。党员干部要增强党性修养，就必须加强马克思主义理论武装。图为1965年10月人民出版社出版的《马克思恩格斯全集》（展品） 海峰 / 供图↑

第六章 《反杜林论》与加强新时代的党性修养 217

保质保鲜，稍不注意就可能蒙尘褪色，久不滋养就会干涸枯萎，很容易走着走着就忘记了为什么要出发、要到哪里去，很容易走散了、走丢了。我们查处的那些腐败分子，之所以跌入违纪违法的陷阱，从根本上讲就是把初心和使命抛到九霄云外去了。不忘初心、牢记使命不是一阵子的事，而是一辈子的事，每个党员都要在思想上政治上不断进行检视、剖析、反思，不断去杂质、除病毒、防污染。加强党性是个系统工程，在新的社会历史条件下，还表现在加强党性不能仅仅是被动应对反党势力带来的挑战和问题，而是应该从战略高度从长计议、通盘考虑、主动出击。

不仅如此，这里的主动出击强调的是，要通过不断加强党员干部世界观、人生观和价值观的改造，培养党员干部用无产阶级的世界观和方法论去解释世界和改造世界的能力。党性和非党性的斗争在党内也有表现，集中表现为两条路线的斗争：马克思主义的路线，即用无产阶级的世界观和方法论去解释世界和改造世界；非马克思主义的路线，即用非无产阶级的世界观去解释世界和改造世界。因此，伟大的马克思主义者和革命导师一直强调党员干部世界观的改造问题。习近平总书记强调，党性和人民性从来都是一致的、统一的。在中国共产党领导的社会主义中国，党性和人民性是一致的、统一的。我们党以全心全意为人民服务为根本宗旨，没有自己的特殊利益，体现党的意志就是体现人民的意志，宣传党的主张就是宣传人民的主张，坚持党性就是坚持人民性。党性寓于人民性之中，没有脱离人民性的党性，也没有脱离党性的人民性。人民性既是党性修养的世界观，也是党性修养的方法论。尤其是在新时代，中国共产党人的党性修养只要能够继续以同人民群众同呼吸共命运为根本立场，以全心全意为人民服务为核心宗旨，以广大人民群众满意不满意为基本标准，以维护和发展好广大人民群众的根本利益为主要准则，新时代的党性修养必定能够继往开来，走向更高的历史阶段。

中国特色社会主义事业不断前进，新的形势和任务对领导干部不断提出新的要求，人民群众对我们有着更多更高的期待。长期执政、改革开放、发展社会主义市场经济、国际国内环境深刻变化，使领导干部面临的挑战和考验越来越大、越来越多。近年来出现的各种问题特别是一些严重腐败案件，警示我们必须把解决好世界观、权力观、事业观问题作为加强领导干部队伍思想政治建设的一项重要而紧迫的任务。"打铁必须自身硬"，再完备的国家治理体系，交到缺乏治理能力的党员干部手中，也是纸上谈兵。要练就"金刚不坏之身"，必须用科学理论武装头脑，不断培植我们的精神家园。要从提高每个个体党员自身素质做起，这就要求个体党员由内而外地掌握马克思主义基本理论的看家本领。在研读经典中建立起对马克思主义基本理论的理性认同与虔诚至信，进而在具体实践中不断推进马克思主义中国化时代化的历史进程。